BLECH Kuchen

Klassiker und verführerisch Neues

Inhaltsverzeichnis

Vorwort	7
Rund ums Backen	8-9
Wir verraten Ihnen was	10-11
Biskuitteig	12-13
Hefeteig	14-15
Mürbteig/Quark-Öl-Teig	16-17
Rührteig	18-19
Schnell und einfach gebacken!	20-29
Mit allerlei Belägen	30-47
Passt auf, ihr Früchtchen!	48-73
Mit Creme und Sahne!	74-83
Auf dem Blech gebacken!	84-91
Die herzhaften Seiten!	92-97
Register	98-99

Vorwort

Blechkuchen haben eine lange Tradition. Ganz besonders gerne erinnere ich mich an meine Kindheit, wenn im August zur Kirchweih die großen Kuchen gebacken wurden. Mein Lieblingskuchen war Heidelbeer-Kuchen aus Hefeteig.

Damals hat meine Mutter die Heidelbeeren verlesen, indem sie die kleinen Blättchen und Stiele aussortierte. Danach wurden die Früchte gewaschen. Dann hat man Äpfel geschält, entkernt und in Spalten geschnitten. Meistens gab es zu dieser Zeit auch schon späte Zwetschen, die sich besonders schön backen. Sie wurden ebenfalls gewaschen und entsteint. Man legte die so vorbereiteten Früchte in große Schüsseln und brachte sie zum Bäcker in unserem kleinen Ort.

Am nächsten Tag konnte man mit einem großen Handwagen (wie man sie heute noch auf Großmärkten sieht) die herrlich duftenden Kuchen abholen.

Meistens gab es auch noch einen Petzkuchen für den Großvater: ein einfacher Hefeteig, in den mit Daumen und Zeigefinger ein Muster eingezwickt wurde und den man vor dem Backen noch mit Eigelb überpinselte.

Gemütlich wurde dann im Kreise der großen Familie und mit Bekannten Kaffee getrunken.

Heute sind Blechkuchen wieder sehr beliebt. Vielleicht liegt es daran, dass die Backzeiten nicht so lange sind und der Kuchen, da er flach ist, auch schneller auskühlt.

Ich hoffe, dass Sie mit diesem Buch viel Freude haben. Probieren Sie die Rezepte einfach aus, laden Sie Freunde ein und genießen Sie gemeinsam Ihren Lieblingskuchen.

Ihre E. Bangert

Rund ums Backen

Der Backofen

Unter welch schwierigen Umständen unsere Großmütter ihre Kuchen backen mussten, können wir uns sicher nicht mehr vorstellen. Heute kann man bei allen Herdarten die Temperatur genau einstellen und braucht nur noch die Backzeit zu überprüfen. Manche Öfen sind in ihrer tatsächlichen Temperatur niedriger, manche höher. Mit der Zeit lernt man seinen Backofen sehr gut kennen und weiß genau, wie er einzustellen ist. Auf keinen Fall sollte man den Mut verlieren, wenn der erste Kuchen oder das neue Rezept nicht gleich gelingt.

Backbleche

Backbleche sind in jedem Haushalt vorhanden. Sie werden in der Regel beim Kauf eines Ofens mitgeliefert. Es gibt Weißbleche und Schwarzbleche. Für das Backen im Elektroherd sollte man Schwarzbleche oder beschichtete Bleche nehmen, da sie die Hitze gleichmäßiger aufnehmen und verteilen und auch besser bräunen. Für Gasherde eignen sich Weißbleche gut.

Welche Bleche man unbedingt braucht, ist aufgrund des Riesenangebotes oft schwer zu entscheiden. Grundsätzlich ist für Blechkuchen das beim Backofen mitgelieferte flache Blech gut geeignet. Wer kleinere Mengen backen möchte, kann einfach einen Tortenring aus Metall auf ein Backblech stellen. Solche Ringe sind in der Regel im Durchmesser verstellbar. Es gibt inzwischen nicht nur Ringe, sondern auch quadratische oder rund gewellte Formen. Für Kuchen mit Obst, das beim Backen sehr viel Saft bildet, wie z. B. Heidelbeeren oder Zwetschen, eignet sich ein Blech mit hohem Seitenrand besonders gut.

Wichtig ist bei allen Blechen, dass sie nach dem Gebrauch gut gereinigt werden.

Backzutaten

Die wichtigsten Backzutaten, die man zu Hause haben sollte:

Backaromen:	z. B. Bittermandel, Buttervanille, Rumaroma und Zitrone. Diese sind in kleinen Fläschchen oder in Beuteln erhältlich und sehr lange haltbar.
Backhefe:	Als Vorrat eignet sich nur Trockenhefe.
Backpulver:	Ein Treibmittel, das anstelle von Hefe verwendet wird.
Butter:	Man sollte sie bei Rezepten, in denen ausdrücklich Butter angegeben ist, nicht durch Margarine ersetzen. Butter hat in etwa die gleichen Kalorien wie pflanzliche Fette. Der Geschmack des Gebäcks wird durch Butter wesentlich verbessert.
Eier:	Zum Backen sollte man nur frische Eier verwenden. Auf jeden Fall einzeln in einer Tasse aufschlagen und erst dann zum Backgut geben.
Kartoffelmehl:	Eine aus Kartoffeln gewonnene Speisestärke.
Kuvertüre:	Am häufigsten wird Bitterschokolade verwendet. Es gibt aber auch Halbbitter- und Vollmilch- sowie weiße Kuvertüre.
Margarine:	Sie ist das ideale Backfett.
Mehl:	In der Regel wird Mehl Type 405 verwendet. Das Mehl nur gesiebt verwenden. Es bleiben evtl. Klumpen im Sieb zurück und durch das Sieben gelangt Luft in den Teig, die den Kuchen lockerer macht.
Rosinen:	Sie sollten vor der Verwendung immer gewaschen und getrocknet werden.
Vanillin-Zucker:	Die meisten Teigarten werden mit diesem Vanille-Aromastoff geschmacklich abgerundet.
Zucker:	In der Regel verwendet man zum Backen Zuckerraffinade oder Puderzucker.

Praktische Helfer

Das richtige Werkzeug trägt zu einem guten Gelingen bei. Man sollte auf jeden Fall folgende Geräte zu Hause haben:

- eine Küchenwaage für das Abwiegen der Zutaten,
- Messbecher mit kleinen Maßeinheiten,
- Rührschüsseln, am besten aus Kunststoff, mit abgerundetem Boden,
- Rührlöffel in verschiedenen Größen sowie mit durchlochtem Blatt,
- Schneebesen in verschiedenen Größen
- ein Schüttelsieb oder feines Metallsieb,
- Teigschaber, Kuchenpinsel, Nudelholz und
- ein Handrührgerät mit Schneebesen und Knethaken.

Wir verraten Ihnen was

Die kleinen Tricks geben oft den letzten Schliff. Schauen Sie den Profis ruhig mal über die Schulter ...

Äpfel, Birnen und Bananen werden nach dem Schälen und Kleinschneiden rasch braun. Wenn sie sofort mit Zitronensaft beträufelt werden – größere Mengen legt man in Zitronenwasser –, bleiben sie hell.

In Apfelkuchen, -strudel oder -taschen schmecken mürbe, säuerliche Äpfel wie Boskop oder Ingrid Marie besonders gut.

Das Ausrollen von Teig geht besonders leicht, wenn Sie den Teig zwischen zwei bemehlte Bogen Pergamentpapier legen.

Für Zöpfe brauchen Sie gleich dick geformte Stränge. Egal, aus wie viel Strängen Sie einen Zopf flechten: Es wird immer in der Mitte begonnen. Bei mehr als drei Strängen achten Sie darauf, dass immer die beiden äußeren über die inneren Stränge zur Mitte gelegt werden.
(Rezept Seite 84)

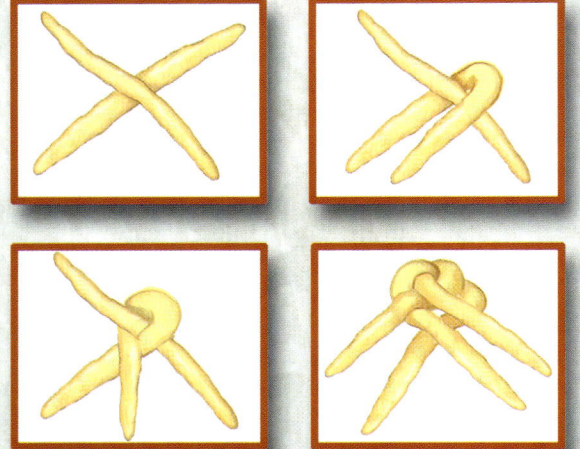

Schokolade als Glasur bewahrt Kuchen lange vor dem Austrocknen. Unangeschnitten hält er sich so eine Woche völlig frisch.

Quark als Bestandteil eines Teiges macht den Kuchen besonders locker. Diese Kuchen sind jedoch zum sofortigen Verbrauch bestimmt, denn sie trocknen rasch aus.

Das Stürzen aus der Form oder vom Blech auf das Kuchengitter geht leichter, wenn Sie das Gitter auf die Form legen, Form und Gitter mit Küchentüchern umfassen und beides zusammen umdrehen.

Schlagsahne, die beim Verzieren übrig bleibt, spritzen Sie in Tulpen, Girlanden oder Rosetten auf Alufolie und lassen sie im Gefriergerät vorfrieren. Dann werden die Verzierungen verpackt, beschriftet und eingefroren und stehen als Dekor für Kuchen oder Süßspeisen jederzeit zur Verfügung. Nach dem Herausnehmen aus dem Gefriergerät sind die Verzierungen in wenigen Minuten aufgetaut.

Käsekuchen und Käsesahnecreme-Schnitten lässt man nach dem Backen im abgeschalteten, geöffneten Backofen stehen, bis die Temperatur im Ofen Raumtemperatur angenommen hat. Dann fällt die zarte Creme nicht so leicht zusammen.

Kuchen, die Ihnen trotz größter Vorsicht zu dunkel geraten sind, können gerettet werden, indem Sie mit einem scharfen Messer die dunkle Oberfläche abkratzen, gegebenenfalls auch dünn abschneiden und den Kuchen anschließend mit einer dicken Glasur, Zuckerguss oder Schokolade überziehen.

Biskuitböden sollen vor dem Durchschneiden mindestens 2 Stunden, am besten aber über Nacht, ruhen.

Bemerken Sie zu spät, dass kein Puderzucker zum Bestäuben eines Kuchens im Hause ist, so pulverisieren Sie gewöhnliche Zuckerraffinade mit dem Mixer.

Eine Prise Backpulver unter den Zuckerguss gemischt, hält ihn länger weich und streichfähig.

Schokoladenguss lässt sich geschmeidiger auftragen und bekommt mehr Glanz, wenn man die Blockschokolade mit einem Stück Kokosfett auflöst.

Biskuitkuchen schmecken feiner, wenn man für den Teig Orangensaft statt Wasser verwendet.

Blätterteig geht nur gut auf, wenn man das Backblech nicht einfettet, sondern mit kaltem Wasser abspült. Das Wasser verdampft und wirkt wie ein Treibmittel.

Gewürze behalten ihre Würzkraft nicht länger als ein Jahr und das auch nur, wenn sie in luft- und lichtundurchlässigen Gefäßen aufbewahrt werden. Kaufen Sie Ihre Gewürze deshalb am besten unzerkleinert und notieren Sie den Tag des Einkaufs auf dem Gewürzbehälter.

Setzt sich die Gelatinelösung bei der Zugabe in Klümpchen ab, so ist die Masse, in die sie gegeben wird, zu kalt. Die Zutaten sollten immer Zimmertemperatur haben.

Löffelmaße:

Die nachstehende Tabelle soll eine Hilfe für das Abmessen kleinerer Mengen sein.

10 g Weizenmehl =	1 gestrichener Esslöffel
25 g Weizenmehl =	1 gut gehäufter Esslöffel
2 g Stärkemehl =	1 gestrichener Teelöffel
10 g Stärkemehl =	1 schwach gehäufter Esslöffel
15 g Stärkemehl =	1 gut gehäufter Esslöffel
25 g Stärkemehl =	2 1/2 schwach gehäufte Esslöffel
3 g Backpulver =	1 gestrichener Teelöffel
10 g Zucker/Puderzucker =	1 gehäufter Teelöffel
15 g Zucker/Puderzucker =	2 gestrichene Teelöffel
20 g Zucker/Puderzucker =	1 schwach gehäufter Esslöffel
25 g Zucker/Puderzucker =	1 gut gehäufter Esslöffel
5 g Kakao =	1 gestrichener Esslöffel
10 g Semmelmehl =	1 gestrichener Esslöffel
125 ml (1/8 l) Milch =	8 Esslöffel
15 g Butter =	1 gestrichener Esslöffel
5 g Salz =	1 gestrichener Teelöffel

Der Biskuitteig

Das Grundrezept für Wiener Biskuit

Zutaten:

3-4 Eier
3-4 Esslöffel heißes Wasser
125 g Zucker
1 Päckchen Vanille-Zucker
1 Prise Salz
75 g Mehl
50 g Speisestärke
60 g Butter oder Margarine

Vorbereitung:

Die Zutaten abwiegen und bereitstellen. Es erleichtert die Arbeit sehr, wenn alles griffbereit steht, bevor man mit dem Zusammenrühren der Zutaten beginnt. Wie oft ist schon Zucker mit Salz verwechselt worden, oder in letzter Sekunde stellt man fest, dass nun doch kein Vanille-Zucker mehr im Schrank ist. Wenn mit dem Biskuitteig noch nicht begonnen wurde, kann man jederzeit evtl. fehlende Zutaten noch schnell beschaffen.

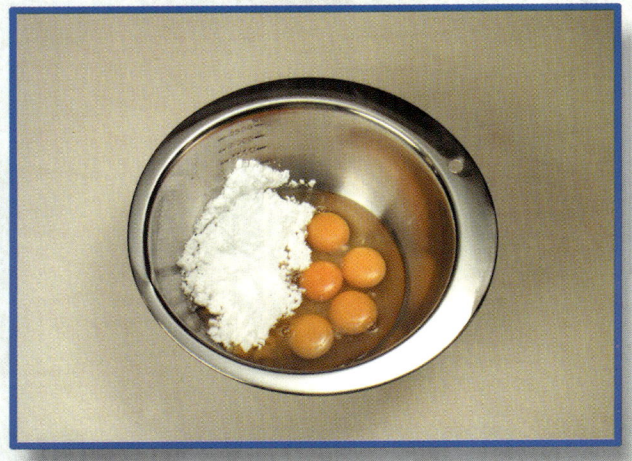

Die Eier einzeln in einer Tasse aufschlagen und jeweils in die Rührschüssel geben. Sollte ein Ei nicht mehr frisch sein, kann man dies sofort feststellen und es ersetzen, ohne dass gegebenenfalls bereits aufgeschlagene Eier in Mitleidenschaft gezogen werden. Bei älteren Eiern ist das Eiklar sehr dünnflüssig, aber auf jeden Fall noch verwertbar. Ist ein Ei nicht in Ordnung, stellt man das sofort am Geruch fest.

Zu den Eiern die abgewogene Zuckermenge und den Vanille-Zucker geben.

Die Rührschüssel mit den Eiern und dem Zucker auf einen Topf mit heißem Wasser stellen. Am besten ist, wenn man dies direkt auf der auf kleinster Stufe eingestellten Herdplatte machen kann. Nun mit einem Handrührgerät (Schneebesen) Zucker und Eier so lange warm rühren, bis eine schaumige Masse entstanden ist. Danach die Schüssel vom Wasserbad nehmen und so lange rühren, bis die Masse wieder kalt ist. Durch das Rühren wird viel Luft in die „Masse" geschlagen. Diese Luft ersetzt das Backpulver.
Die Masse muss man sofort weiterbearbeiten. Lässt man sie stehen, entweicht die eingeschlagene Luft wieder und das „Treibmittel" ist nicht mehr vorhanden.

Durchgesiebtes Mehl und Speisestärke langsam mit einem Rührlöffel unterheben. Dazu eignet sich am besten ein Rührlöffel mit einem Loch in der Mitte. Danach die flüssige Margarine oder Butter einrühren.

Möchte man einen dunklen Biskuitteig, kann jetzt noch etwas Kakaopulver eingerührt werden. Kakaopulver sollte auf jeden Fall durchgesiebt werden. Da es sich nur um eine kleine Menge von ca. 2 Teelöffeln handelt, eignet sich dazu am besten ein kleines Kaffeesieb.

Die fertige Masse sofort auf ein mit Backpapier ausgelegtes Blech gießen und bei gut 200° C ca. 15-20 Min. backen.

Tipps zur Weiterverarbeitung:

Den gebackenen Teig auf ein Geschirrtuch stürzen und das Backpapier abziehen.

Je nach Verwertung lässt man den gebackenen Teig auskühlen und belegt ihn z. B. mit Obst.

Möchte man eine Rolle machen, sind ein paar Kleinigkeiten zu beachten. Ist der gebackene und bereits erkaltete Teig etwas fester, legt man ein feuchtes Geschirrtuch darauf. Die Feuchtigkeit zieht in den Biskuit ein und macht ihn weich. Er lässt sich dann problemlos rollen.

Ist der Teig nach dem Backen weich wie Watte – das kann man leicht feststellen, wenn man mit der flachen Hand auf den Biskuit drückt –, kann er mit dem Geschirrtuch noch warm aufgerollt werden. Das Geschirrtuch muss dann noch leicht feucht sein, damit der Biskuit nicht daran kleben bleibt. Ist der Biskuit kalt, kann man ihn mit geschlagener Sahne und Früchten oder verschiedenen Cremes füllen oder auch einfach nur mit Marmelade bestreichen und dann aufrollen.

Der Hefeteig

Das Grundrezept

Zutaten:

500 g Mehl
1 Würfel frische Backhefe
(ca. 42 g)
50 g Zucker
1/8 l Milch
150 g Butter
1/2 Teelöffel Salz
2 Eier

Wärmen Sie eine große Schüssel leicht an. Das Mehl hineinsieben und in die Mitte des Mehls eine Mulde drücken. Die frische Hefe zerbröckeln und hineingeben.

Vorbereitung:

Alle Zutaten griffbereit zurechtlegen. Das erleichtert die Arbeit sehr. Während der einzelnen Aufgehzeiten kann man den Belag vorbereiten. Hefeteig ist eine der wichtigsten Teigarten für Blechkuchen.

Mit etwa der halben Menge lauwarmer Milch übergießen und eine Prise Zucker hinzufügen.

Tipp:

Die frische Backhefe kann man sehr gut durch Trockenhefe ersetzen, die monatelang haltbar ist. Außerdem spart man Zeit, da die Trockenhefe gleich mit dem Mehl vermischt werden kann und der erste Gehvorgang entfällt.

Mit etwas Mehl von der Mulde zu einem Brei verrühren.

Die Schüssel mit einem sauberen Küchentuch zudecken und den Vorteig an einem zugfreien Ort 15-25 Min. gehen lassen.

Den Teig herausnehmen und auf der Arbeitsfläche kräftig durcharbeiten.

Den Teig zusammenrollen, damit er sich leichter auf das Backblech transportieren lässt. An der Seite mit dem höheren Rand anlegen und auf dem Blech wieder ausrollen. Wenn der Teig nicht genau passt, kann man ihn mit der flachen Hand etwas zurechtschieben.

Wenn sich die Menge des Vorteigs verdoppelt hat, weiche Butter, Zucker, Salz, restliche Milch und Eier dazugeben.

Die Schüssel mit Mehl ausstäuben und den Teig hineingeben. Mit dem Küchentuch bedecken und wieder 20-30 Min. gehen lassen, bis sich die Teigmenge verdoppelt hat.

Vor dem Backen mit einer Gabel etwa 12-15 Mal in den fertig geformten Teig stechen. Dann nochmals etwa 20 Minuten gehen lassen und bei 200° C je nach Belag etwa 40 Minuten backen.

Gut vermengen und so lange durchkneten, bis der Teig elastisch ist und sich von der Schüsselwand löst.

Den Teig auf der mit Mehl bestäubten Arbeitsfläche mit einem Nudelholz in die Größe des Bleches ausrollen.

Der Mürbteig

Das Grundrezept

Zutaten:
100 g Zucker, 200 g Butter, 300 g Mehl

Die Zutaten lassen sich sehr leicht in der Menge verändern, denn es gibt eine Grundregel, die sagt: Die Menge des Mehls ist Basis für die beiden restlichen Zutaten.
Anteil Butter = 2/3 der Mehlmenge, Anteil Zucker = 1/3 der Mehlmenge.
Die Backzeit: 40 Minuten bei etwa 180° C.

Vorbereitung:
Wichtig ist bei der Teigzubereitung, dass alle Zutaten kalt sind und schnell verarbeitet werden. Vor Beginn am besten die Hände mit kaltem Wasser waschen.

Die Butter und den Zucker zügig miteinander vermischen. Am einfachsten geht dies mit den Händen auf einer großen Arbeitsplatte.

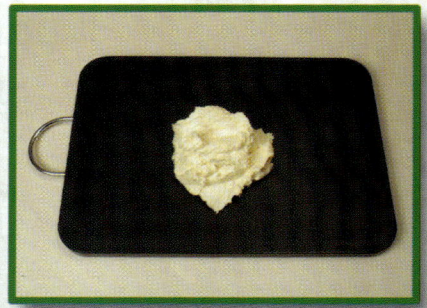

Die Butter durchkneten, bis der Zucker gleichmäßig eingearbeitet ist.

Das Mehl auf die Butter-Zuckermasse sieben.

Mit den Händen oder einem Teigschaber das Mehl zügig in den Teig einarbeiten.

Den Teig so lange bearbeiten, bis kein Mehl mehr auf der Arbeitsfläche zu sehen ist.

Den Teig mit einem Teigschaber durchstechen, um zu überprüfen, dass keine Mehlspuren mehr vorhanden sind. Anschließend den Teig wieder zusammenkneten, in Alufolie wickeln und etwa eine Stunde im Kühlschrank ruhen lassen.

Den gekühlten Teig nochmals ganz kurz durchkneten und sofort mit einem Nudelholz auf einer bemehlten Arbeitsplatte ausrollen.

Den auf die Größe des Backbleches ausgerollten Teig mit Mehlstaub bedecken und zusammenrollen. So lässt er sich leichter auf das Backblech transportieren.

Die Teigrolle auf dem nicht gefetteten Backblech ausrollen. Mit einer Gabel mehrmals in den Teig einstechen.

Der Quark-Oel-Teig

Zutaten:

200 g Quark
100 g Zucker
1 Prise Salz
8 Esslöffel Öl
6 Esslöffel Milch
300 g Mehl
1 Päckchen Backpulver

Oft wird der Quark-Öl-Teig wegen seiner ähnlichen Zubereitung dem Mürbteig zugeordnet.
Er ist einfach und schnell herzustellen. Man braucht dafür etwa 7 Minuten. Die Ruhezeit sollte allerdings im Kühlschrank 10-12 Stunden betragen.

Vorbereitung:

Verrühren Sie den gut ausgedrückten Magerquark mit Zucker, Öl und Milch. Das Mehl mit dem Backpulver und Salz darüber sieben und mit dem Rührlöffel untermischen.
Rasch mit den Händen den Teig gut, aber nicht zu lange verkneten. Er darf nicht handwarm werden. Eine Teigkugel formen, in Backpapier oder Alufolie einwickeln und über Nacht im Kühlschrank ruhen lassen.

Am nächsten Tag den Teig mit einem gut bemehlten Nudelholz ausrollen und weiterverarbeiten.
Bei etwa 200° C 40-45 Minuten backen.

Der Rührteig

Das Grundrezept

Zutaten:

250 g Butter
250 g Zucker
abgeriebene Schale einer unbehandelten Zitrone
4 Eier
1 Päckchen Backpulver
500 g Mehl
0,2 l Milch

Die Butter bei Zimmertemperatur weich werden lassen und in eine Rührschüssel geben.

Der Rührteig ist eine der schnellsten Teigarten. Er ist in 10 Minuten backfertig zubereitet.

Mit dem Handrührgerät (Schneebesen) die Butter 1 Minute lang schaumig rühren.

Die Zitronenschale und den Zucker langsam unter Rühren einrieseln lassen.

Die Eier sollten Zimmertemperatur haben. Nach und nach die Eier unterrühren. Wichtig ist, dass man jedes Ei einzeln in einer Kaffeetasse aufschlägt und prüft, ob es in Ordnung ist.

Jedes Ei sollte etwa eine halbe Minute untergerührt werden, bevor das nächste in die Masse gegeben wird. Den Teig so lange durchrühren, bis das letzte Ei gleichmäßig verrührt ist.

Mehl und Backpulver in 2-3 Portionen in die Teigmasse sieben. Nicht die gesamte Menge auf einmal, sondern abwechselnd mit der Milch.

Die Milch nach und nach mit dem Mehl zugeben. Man sollte darauf achten, dass die Milch Zimmertemperatur hat.

Den Teig noch einmal gründlich, am besten mit einem Rührlöffel, durchrühren.

Die fertige Teigmasse auf ein gefettetes Backblech schütten. Teigreste mit einem Teigschaber aus der Rührschüssel holen.

Den Teig mit dem Rührlöffel oder dem Teigschaber gleichmäßig auf dem Blech verteilen.

Jetzt kann der Teig zum Beispiel mit Äpfeln, Mirabellen oder Ähnlichem nicht zu eng belegt werden. Beim Backen quillt der Teig leicht über die Früchte.

Das Backergebnis nennt man einen „versunkenen" Kuchen.

Die Backzeit bei etwa 180° C beträgt 45 Minuten.

Variante

Es gibt Rezepte, bei denen Eigelb und Eiweiß getrennt verarbeitet werden.

Butter, Zucker und Eigelb können sofort zusammen in die Rührschüssel gegeben werden. Die Zutaten so lange rühren, bis der Zucker vollständig aufgelöst ist.

Das vom Eigelb getrennte Eiweiß in eine Rührschüssel geben. Es ist sehr wichtig, dass auch nicht die kleinste Menge Eigelb dabei ist oder Fett an der Schüssel haftet. In beiden Fällen ist es nicht möglich, das Eiweiß zu schnittfestem Schnee zu schlagen.

Mit einem Handrührgerät (Schneebesen) wird das Eiweiß nun auf höchster Stufe so lange geschlagen, bis ein schnittfester Schnee entsteht.

Das steif geschlagene Eiweiß wird ganz zum Schluss mit einem Rührlöffel unter den Teig gehoben.

Streuselkuchen - Zimtkuchen

Zutaten:

Für den Hefeteig:
500 g Mehl, 80 g Zucker
80 g weiche Butter oder Margarine
250 ml Buttermilch
1 Pck. Trockenhefe oder
1 Würfel Frischhefe
1 Pck. Vanillezucker
1 Prise Salz

Für die Streusel:
350 g Mehl, 235 g Zucker
235 g Butter
1/2 Pck. Backpulver
1 Prise Salz
einige Tropfen Vanille-
oder Zitronenaroma
1 gestr. EL Zimt

Für den Zimtbelag:
125 g Butter
125 g Zucker
40 g Mehl
1 EL Zimt

Zubereitung:

1. Die Milch erwärmen (nicht kochen). Das Mehl in eine Schüssel sieben und mit einem Löffel eine Mulde in die Mitte drücken. Die Hefe zusammen mit 1 TL Zucker hineingeben, etwa die Hälfte der Milch dazugießen, kurz verrühren und mit etwas Mehl bestäuben. Den so genannten Vorteig mit einem Tuch abdecken und ca. 15-20 Min. an einem warmen Ort gehen lasen.

2. In der Zwischenzeit für die Streusel Backpulver und Mehl in eine Schüssel sieben, die Butter in Flöckchen dazugeben, restliche Zutaten hinzufügen und rasch mit den Händen zu Streuseln verarbeiten. Oder für den Zimtbelag aus Butter, Zucker, Mehl und dem Zimt eine streichfähige Paste rühren.

3. Dem Vorteig die restlichen Zutaten hinzufügen und mit den Knethaken des Handrührgerätes schnell verarbeiten, bis sich der Teig vom Schüsselrand löst. Weitere 20 Min. ruhen lassen.

4. Hefeteig aus der Schüssel nehmen und auf der bemehlten Arbeitsfläche mit einem Nudelholz etwa in Größe des Backblechs ausrollen. Das Backblech mit Butter fetten oder mit Backpapier auslegen und den Teig darauf legen. Die Ränder leicht hochdrücken, den Teig mit dem Tuch abdecken und weitere 5 Min. gehen lassen.

5. Die Streusel oder die Zimtpaste auf dem Teig verteilen und bei 200° C ca. 35-40 Minuten backen.

6. Nach dem Abkühlen mit Puderzucker bestäuben.

Gewürzschnitten

Zutaten:

Für den Rührteig:
300 g Mehl
125 g Butter
200 g Zucker
65 g Puderzucker
1 Pck. Vanillezucker
1 TL Backpulver
3 Eier, 1 Msp. Salz
1 TL Zimt, 1 TL Muskat
1/2 TL gemahlene Nelken
1/2 Fläschchen Rum-Aroma
100 g Blockschokolade
6 schwach gehäufte TL löslicher Kaffee
1/4 l Wasser, 125 g Rosinen

Für die Glasur:
250 g dunkle Schokoladenkuvertüre
Schokostreusel

Zubereitung:

1. Die Blockschokolade und die Rosinen fein hacken. Das Wasser zum Kochen bringen, den Kaffee, 60 g gehackte Blockschokolade und die fein gehackten Rosinen dazugeben und ca. 15 Min. köcheln und danach wieder abkühlen lassen.

2. Mehl und Backpulver mischen und in eine Rührschüssel sieben. Zusammen mit der Butter, dem Puderzucker, Vanillezucker, den Eiern, der restlichen Blockschokolade und den Gewürzen vermischen, schussweise die flüssige Kaffee-Mischung dazugeben und einen geschmeidigen Teig rühren.

3. Ein Backblech mit Butter fetten oder mit Backpapier auslegen und den Teig darauf geben.

4. Im vorgeheizten Backofen bei 180-200° C ca. 30-40 Min. backen.

5. Nach Ablauf der Backzeit den Kuchen aus dem Ofen nehmen und erkalten lassen. Die Schokoladenkuvertüre im Wasserbad schmelzen und über dem Kuchen verteilen. Zum Schluss mit Schokostreuseln bestreuen.

Petzkuchen mit Nüssen

Zutaten:

Für den Hefeteig:
500 g Mehl
80 g Zucker
80 g weiche Butter oder Margarine
250-300 ml Milch
1 Pck. Trockenhefe oder
1 Würfel Frischhefe
1 Pck. Vanillezucker
1 Prise Salz

Für den Belag:
300 g Mandelstifte oder gemahlene Haselnüsse
125 g Zucker
150 g Butter
1 EL Zimt

Zubereitung:

1. Die Milch erwärmen (nicht kochen). Das Mehl in eine Schüssel sieben und mit einem Löffel eine Mulde in die Mitte drücken. Die Hefe zusammen mit 1 TL Zucker hineingeben, etwa die Hälfte der Milch dazugießen, kurz verrühren und mit etwas Mehl bestäuben. Den so genannten Vorteig mit einem Tuch abdecken und ca. 15-20 Min. an einem warmen Ort gehen lassen.

2. Dem Vorteig die restlichen Zutaten hinzufügen und mit den Knethaken des Handrührgerätes schnell verarbeiten, bis sich der Teig vom Schüsselrand löst. Wiederum mit dem Tuch abdecken und weitere 10 Min. ruhen lassen. Danach den Teig auf einer bemehlten Arbeitsfläche flach drücken und die Seiten nach innen einschlagen, in die Schüssel zurücklegen, abdecken und nochmals 10 Min. gehen lassen.

3. Hefeteig aus der Schüssel nehmen und auf der bemehlten Arbeitsfläche mit einem Nudelholz etwa in Größe des Backblechs ausrollen. Das Backblech mit Butter fetten oder mit Backpapier auslegen und den Teig darauf legen. Die Ränder leicht hochdrücken, den Teig mit dem Tuch abdecken und weitere 5 Min. gehen lassen.

4. Nun mehrmals mit Daumen und Zeigefinger in den Teig zwicken (petzen), ihn mit den Mandelstiften oder gemahlenen Haselnüssen, Zucker und Zimt bestreuen und die flüssige Butter esslöffelweise über den Teig träufeln.

5. Sofort in den vorgeheizten Backofen schieben und ca. 40-45 Min. bei 180-200° C backen.

Tipp: Wenn man die Zutaten für den Belag halbiert, kann man eine Hälfte des Kuchens mit Mandelstiften und die andere Hälfte mit gemahlenen Haselnüssen backen und hat gleich zwei Sorten auf einmal.

Brownies mit Sonnenblumenkernen "New Orleans"

Zutaten für 60 Stück:

Für den Teig:
125 g Butter
175 g Zucker
3 Eier
2 EL Kakaopulver
150 g Mehl

Zum Verzieren:
50 g USA-Sonnenblumenkerne
Butter für das Blech

Zubereitung:

1. Den Backofen auf 180° C vorheizen. Die Butter mit dem Zucker schaumig rühren. Die Eier, das Kakaopulver und das Mehl nach und nach unterrühren. Zuletzt die Sonnenblumenkerne grob hacken und untermischen.

2. Aus Alufolie einen Falz in der Länge einer Blechschmalseite knicken. In 12 cm Abstand von der Blechseite auf das Blech legen.

3. Den Teig auf dem gefetteten Blech verstreichen und im Backofen 18 Minuten backen. Noch heiß in 4 Längsstreifen, diese in je 15 Stücke schneiden. In einer Blechdose aufbewahren.

Variante:

Brownies mit dunkler Kuvertüre bestreichen und mit gerösteten Sonnenblumenkernen bestreuen.

Vorbereitungszeit: 15 Minuten
Backzeit: 18 Minuten

Mecklenburger Blitzkuchen

Zutaten für ca. 60 Stücke:

Für den Teig:
125 g weiches Butterschmalz
125 g Zucker
1 Prise Salz
1 TL Zimt
1 Beutel Orangenschalenaroma
2 Eier, 125 g Mehl
2 TL Backpulver
75 g abgezogene, gemahlene Mandeln

Zum Verzieren:
150 g Zartbitter-Kuvertüre
40 g Pistazien

Außerdem:
Backpapier

Zubereitung:

1. Weiches Butterschmalz, Zucker, Salz, Zimt und Orangenschalenaroma mit dem elektrischen Handrührgerät verrühren. Eier nacheinander zufügen. Das Mehl, Backpulver und die gemahlenen Mandeln mischen und unter den Teig rühren. Teig auf ein mit Backpapier belegtes Backblech (24 x 24 cm) streichen.

2. Im vorgeheizten Backofen bei 175° C (Elektro) bzw. Stufe 3 (Gas) auf der zweiten Schiene von unten ca. 20 Minuten backen. Anschließend sofort vorsichtig mit einem scharfen Messer (am besten mit feinem Wellenschliff) in 3 cm große Quadrate schneiden. Auskühlen lassen.

3. Inzwischen die Kuvertüre nach Packungsanleitung im Wasserbad schmelzen und die Würfel obenauf mit Kuvertüre überziehen.

4. Mit halbierten Pistazien, einigen gehackten Pistazien und Mandeln verzieren.

Vorbereitungszeit: ca. 15 Minuten
Zubereitungszeit: ca. 1 Stunde
(ohne Abkühlzeit)

Walnuss-Würfel

Zutaten:

Für den Mürbteig:
3 hart gekochte, passierte Eigelb
120 g Zucker
120 g Butter
140 g Mehl
1 Msp. Zimt, 1 Msp. Nelken
abgeriebene Schale einer
halben unbehandelten Zitrone

Für die Füllung und den Belag:
Johannisbeer- oder Orangenkonfitüre
350 g gemahlene Walnüsse
2 Eier
3 EL Zucker
1 EL Rum

Außerdem:
150 g Schokoladenkuvertüre

Zubereitung:

1. Eigelb mit Zucker, Butter, Mehl und Gewürzen zu einem mürben Teig verarbeiten.

2. Die Hälfte des Teiges dünn ausrollen und auf ein gebuttertes Backblech legen. Mit Konfitüre dünn bestreichen.

3. Alle Zutaten für die Füllung in einer Schüssel verrühren und gleichmäßig auf die Konfitüre streichen. Den restlichen Teig dünn ausrollen, darüber legen und den Kuchen im vorgeheizten Backofen bei 200° C 15-20 Min. goldgelb backen.

4. Die Schokolade erwärmen, die Kuchenplatte dick mit dem Guss überziehen und nach dem Erkalten in kleine Würfel schneiden.

Quarkkuchen mit Rosinen

Zutaten:

Für den Hefeteig:
500 g Mehl, 80 g Zucker
80 g weiche Butter oder Margarine
250-300 ml Milch
1 Pck. Trockenhefe oder
1 Würfel Frischhefe
1 Pck. Vanillezucker
1 Prise Salz

Für die Quarkmasse:
1 kg Schichtkäse oder Speisequark
200 g Zucker, 250 g Rosinen
50-60 g Speisestärke
1/4 l Milch oder Sahne
2-3 Eier
1 Vanilleschote
einige Tropfen Zitronenaroma

Zubereitung:

1. Die Milch erwärmen (nicht kochen). Das Mehl in eine Schüssel sieben und mit einem Löffel eine Mulde in die Mitte drücken. Die Hefe zusammen mit 1 TL Zucker hineingeben, etwa die Hälfte der Milch dazugießen, kurz verrühren und mit etwas Mehl bestäuben. Den so genannten Vorteig mit einem Tuch abdecken und ca. 15-20 Min. an einem warmen Ort gehen lassen.

2. In der Zwischenzeit die Rosinen waschen, einige Minuten in lauwarmem Wasser einweichen und gut ausdrücken. Den Schichtkäse oder Quark mit Zucker, Speisestärke, Milch oder Sahne, den Eiern, dem ausgeschabten Mark der Vanilleschote und dem Zitronenaroma zu einer sämigen Masse rühren und die Rosinen unterrühren.

3. Dem Vorteig die restlichen Zutaten hinzufügen und mit den Knethaken des Handrührgerätes schnell verarbeiten, bis sich der Teig vom Schüsselrand löst. Wiederum mit dem Tuch abdecken und weitere 10 Min. ruhen lassen. Danach den Teig auf einer bemehlten Arbeitsfläche flach drücken und die Seiten nach innen einschlagen, in die Schüssel zurücklegen, abdecken und nochmals 10 Min. gehen lassen.

4. Hefeteig aus der Schüssel nehmen und auf der bemehlten Arbeitsfläche mit einem Nudelholz etwa in Größe des Backblechs ausrollen. Das Backblech mit Butter fetten oder mit Backpapier auslegen und den Teig darauf legen. Die Ränder leicht hochdrücken, den Teig mit dem Tuch abdecken und weitere 5 Min. gehen lassen.

5. Die Quarkmasse auf den Teig geben und im vorgeheizten Ofen bei 200-225° C ca. 40-45 Min. backen.

Tipp: Wer keine Rosinen mag, kann diese natürlich auch einfach weglassen.

Dresdner Eierschecke

Zutaten für 20 Stücke:

Für den Hefeteig:
125 g Mehl, 10 g Hefe
20 g Zucker, 75 ml Wasser
20 g Butterschmalz
1 Prise Salz

Für die Quarkmasse:
290 g Quark (20 % Fett i. Tr.)
30 g Mehl, 1 Ei
50 g Korinthen

Für die Scheckenmasse:
300 g Vanillepudding
100 g Butterschmalz
je 2 g Zitronen- und Vanillearoma
3 Eigelb, 4 Eiweiß
50 g Zucker, 25 g Mehl
1 Prise Salz
Fett für das Blech

Zubereitung:

1. Mehl in eine Schüssel geben. Mit einem Löffel eine Mulde eindrücken. Die Hefe mit etwas Zucker und dem lauwarmen Wasser verrühren, in die Mulde gießen und mit Mehl bestäuben. Den Vorteig ca. 10 Minuten gehen lassen, dann die restlichen Zutaten zugeben und alles zu einem Teig verkneten.

2. Den Teig etwa 1 Stunde gehen lassen, bis sich das Teigvolumen verdoppelt hat. Aus dem Hefeteig einen Boden für den Kuchen ausrollen, auf das gefettete Backblech legen und andrücken.

3. Für die Quarkmasse alle Zutaten verrühren, auf den Teig streichen und Korinthen darüber streuen. Den Pudding glatt rühren, Butterschmalz und Aromen dazugeben, weiterrühren, bis eine glatte Creme entsteht. Eigelbe schnell unterrühren. Eiweiß, Zucker und Salz zu Schnee schlagen, die Puddingmasse und das Mehl unterziehen.

4. Auf die Quarkmasse streichen und bei 200° C ca. 50 Minuten backen.

Zubereitungszeit: ca. 40 Minuten (ohne Ruhezeiten)
Backzeit: ca. 50 Minuten

Mohnschnitten mit Zitronenguss

Zutaten:

Für den Hefeteig:
500 g Mehl, 80 g Zucker
80 g weiche Butter oder Margarine
250-300 ml Milch
1 Pck. Trockenhefe oder
1 Würfel Frischhefe
1 Pck. Vanillezucker, 1 Prise Salz

Für die Mohnmasse:
3 Eier, 125 g Puderzucker
250 g gemahlener Mohn
125 g Butter, 1 Msp. Zimt
1 Msp. Backpulver
einige Tropfen Rum-Aroma

Für den Guss:
200 g Puderzucker
Saft von einer Zitrone

Zubereitung:

1. Die Milch erwärmen (nicht kochen). Das Mehl in eine Schüssel sieben und mit einem Löffel eine Mulde in die Mitte drücken. Die Hefe zusammen mit 1 TL Zucker hineingeben, etwa die Hälfte der Milch dazugießen, kurz verrühren und mit etwas Mehl bestäuben. Den so genannten Vorteig mit einem Tuch abdecken und ca. 15-20 Min. an einem warmen Ort gehen lassen.

2. In der Zwischenzeit für die Mohnmasse die Eier trennen. Den Mohn mit Puderzucker, Zimt, Backpulver und Aroma vermischen, die Eigelb und die flüssige Butter hinzufügen und alles gut verrühren. Die Eiweiße zu sehr steifem Schnee schlagen, unter die Mohnmasse heben und diese bis zur späteren Verwendung beiseite stellen.

3. Dem Vorteig die restlichen Zutaten hinzufügen und mit den Knethaken des Handrührgerätes schnell verarbeiten, bis sich der Teig vom Schüsselrand löst. Wiederum mit dem Tuch abdecken und weitere 10 Min. ruhen lassen. Danach den Teig auf einer bemehlten Arbeitsfläche flach drücken und die Seiten nach innen einschlagen, in die Schüssel zurücklegen, abdecken und nochmals 10 Min. gehen lassen.

4. Hefeteig aus der Schüssel nehmen und auf der bemehlten Arbeitsfläche mit einem Nudelholz etwa in Größe des Backblechs ausrollen. Das Backblech mit Butter fetten oder mit Backpapier auslegen und den Teig darauf legen. Die Ränder leicht hochdrücken, den Teig mit dem Tuch abdecken und weitere 5 Min. gehen lassen.

5. Die vorbereitete Mohnmasse auf den Teig streichen und erneut 5-10 Min. ruhen lassen.

6. Den Kuchen im vorgeheizten Backofen bei 175-180° C ca. 40-45 Min. backen. Danach herausnehmen und den aus Puderzucker und Zitronensaft angerührten Guss gleichmäßig auf dem Belag verteilen und erkalten lassen.

Tipp: Den Kuchen schneidet man am besten mit einem vorher in Wasser eingetauchten Messer, da so der Zitronenguss nicht am Messer haften bleibt.

Schlesischer Mohnkuchen

Zutaten:

Für den Hefeteig:
500 g Mehl
30 g Backhefe
1/4 l Milch, 75 g Butter
60 g Zucker
1/2 TL Salz, 2 Eier

Für den Belag:
75 g geschälte, gehackte Mandeln
150 g feiner Grieß
2 Eier
125 g Zucker, 75 g Butter
250 g gemahlener Mohn
3/4 l Milch
abgeriebene Schale einer Zitrone

Für die Streusel:
100 g Butter
60 g Zucker, 175 g Mehl
je 1 Msp. Salz und Zimt

Zubereitung:

1. Aus Mehl, Hefe und etwas lauwarmer Milch einen dünnen Vorteig zubereiten. Mit Mehl bestäuben, mit einem Tuch abdecken und gehen lassen, bis die obere Mehlschicht Risse zeigt.

2. Danach die restlichen Zutaten zu einem glatten Teig einarbeiten. 15 Min. ruhen lassen, fingerdick ausrollen und auf ein Backblech legen.

3. Milch mit Butter aufkochen, den Grieß einrühren und bei geringer Hitze 10 Min. kochen lassen. Eier, Mohn, Zucker, Mandeln und Zitronenschale zugeben. Den Grieß-Mohn-Brei auf den Teig streichen und noch 5-10 Min. gehen lassen.

4. Für die Streusel die weiche Butter, Zucker, Mehl, Salz und Zimt in eine Schüssel geben und kneten, bis sich Streusel bilden. Diese mit den Händen zu Bröseln zerreiben und auf dem Kuchen verteilen.

5. Bei 200-225° C ca. 25 Min. backen.

Schokoschnitten

Zutaten:

Für den Teig:
375 g Butter
375 g Zucker
8 Eier
200 g Halbbitterschokolade
375 g geriebene Mandeln
1 Pck. Backpulver
50 g Semmelbrösel

Zum Bestreichen:
1 Glas Aprikosenmarmelade
200 g dunkle Schokoladenkuvertüre

Zubereitung:

1. Die Eier trennen. Butter, die Hälfte des Zuckers und alle Eigelb ca. 15 Min. schlagen.
2. Mandeln, Semmelbrösel und Backpulver mischen. Dann die geschmolzene Halbbitterschokolade und die Mandel-Semmelbrösel-Backpulver-Mischung zugeben und vermengen.
3. Eiweiß mit dem restlichen Zucker zu steifem Schnee schlagen und unterheben. Die Masse vorsichtig auf ein mit Backpapier ausgelegtes Blech streichen und 45 Min. im vorgeheizten Backofen bei 180° C backen.
4. Abkühlen lassen, mit Aprikosenmarmelade bestreichen und mit der Kuvertüre überziehen.
5. Wenn die Kuvertüre fest ist, in länglich-schmale Schnitten aufschneiden. Zum Schneiden ein angewärmtes Messer benutzen.

Kokoskuchen

Zutaten:

Für den Hefeteig:
500 g Mehl
80 g Zucker
80 g weiche Butter oder Margarine
250-300 ml Milch
1 Pck. Trockenhefe oder
1 Würfel Frischhefe
1 Pck. Vanillezucker
1 Prise Salz

Für die Kokosmasse:
400 g Kokosraspel
300 g Butter oder Margarine
150 g Puderzucker
2 Eier

Zubereitung:

1. Die Milch erwärmen (nicht kochen). Das Mehl in eine Schüssel sieben und mit einem Löffel eine Mulde in die Mitte drücken. Die Hefe zusammen mit 1 TL Zucker hineingeben, etwa die Hälfte der Milch dazugießen, kurz verrühren und mit etwas Mehl bestäuben. Den so genannten Vorteig mit einem Tuch abdecken und ca. 15-20 Min. an einem warmen Ort gehen lassen.

2. Dem Vorteig die restlichen Zutaten hinzufügen und mit den Knethaken des Handrührgerätes schnell verarbeiten, bis sich der Teig vom Schüsselrand löst. Wiederum mit dem Tuch abdecken und weitere 10 Min. ruhen lassen. Danach den Teig auf einer bemehlten Arbeitsfläche flach drücken und die Seiten nach innen einschlagen, in die Schüssel zurücklegen, abdecken und nochmals 10 Min. gehen lassen.

3. Hefeteig aus der Schüssel nehmen und auf der bemehlten Arbeitsfläche mit einem Nudelholz etwa in Größe des Backblechs ausrollen. Das Backblech mit Butter fetten oder mit Backpapier auslegen und den Teig darauf legen. Die Ränder leicht hochdrücken, den Teig mit dem Tuch abdecken und weitere 5 Min. gehen lassen.

4. In der Zwischenzeit für die Kokosmasse zunächst die Butter zergehen lassen. Den Puderzucker in eine Schüssel sieben und dann mit den Eiern, Kokosraspeln und der flüssigen Butter zu einer glatten Masse rühren.

5. Die Kokosmasse sofort auf dem Teig verteilen (sie darf nicht erkalten).

6. Den Kuchen im vorgeheizten Backofen bei 200° C ca. 45-50 Minuten backen.

Rhabarberkuchen mit Baiserhaube

Zutaten:

Für den Mürbteig:
150 g Mehl
50 g Speisestärke
100 g Butter
100 g Zucker
4 Eigelb
1 Pck. Vanillezucker
1 1/2 gestr. TL Backpulver
6 EL Milch
1 TL Zimt

Für den Belag:
700 g geputzter Rhabarber
4 Eiweiß
200 g Zucker

Blech:
(Blechgröße: 24 x 25 cm)

Zubereitung:

1. Zuerst den Rhabarber waschen, die Haut mit einem scharfen Küchenmesser abziehen und in ca. 3 cm lange Stücke schneiden. Mit 4 EL Zucker bestreuen und 1 Stunde beiseite stellen.

2. Aus Mehl, Speisestärke, Butter, Zucker, Eigelb und Vanillezucker, Backpulver, Zimt und Milch zügig einen Teig kneten. Ein Backblech einfetten und den ausgerollten Teig darauf legen.

3. Den Rhabarber in ein Sieb gießen, gut abtropfen lassen und in Reihen auf den Teig setzen.

4. Im 175° C vorgeheizten Backofen ca. 25 Minuten vorbacken.

5. In der Zwischenzeit aus den Eiweiß und dem Zucker schnittfesten Schnee schlagen. Nach Ablauf der Backzeit den Eischnee mithilfe eines Spritzbeutels in Häufchen auf den Rhabarber spritzen und weitere 30 Minuten backen, bis die Oberfläche leicht anbräunt.

6. Kuchen auf einem Gitter auskühlen lassen und in Stücke geschnitten servieren.

Tipp: Nachdem das Zuckerwasser abgegossen wurde, kann der Rhabarber auch sehr gut eingefroren werden.

Karotten-Schnitten

Zutaten:

Für den Teig:
400 g Karotten
250 g Mehl
175 g Butter
250 g Zucker
100 g gemahlene Mandeln
100 g gemahlene Haselnüsse
100 ml Orangensaft
4 Eier
1 Pck. Backpulver
1 Pck. Vanillezucker
1-2 EL abgeriebene Zitronenschale
1 EL Zimt
1 Prise Salz, Muskat
einige Tropfen Rum-Aroma

Für die Glasur:
200 g Puderzucker
Saft einer Zitrone
1 Eiweiß

Zubereitung:

1. Zunächst die Karotten waschen, schälen und mit einer Küchenreibe fein raspeln.

2. Die Eigelb mit Butter, Zucker und Salz schaumig schlagen. Nun die Mandeln, Haselnüsse, Vanillezucker, Zitronenschale, Zimt, Muskat und Rum-Aroma unterrühren. Die Karotten dazugeben und mit etwas Orangensaft mischen.

3. Das Mehl zusammen mit dem Backpulver in den Teig sieben und mit dem restlichen Orangensaft verrühren.

4. Die Eiweiß zu steifem Schnee schlagen und zum Schluss unter die Masse heben.

5. Auf ein gefettetes Backblech geben und bei 175-180° C im vorgeheizten Backofen ca. 30 Min. backen.

6. Aus Puderzucker, Zitronensaft und dem Eiweiß eine Glasur rühren und, nachdem der Kuchen erkaltet ist, ihn dick damit überziehen. Wenn die Glasur fest ist, den Kuchen mit einem in Wasser getauchten Messer in Quadrate schneiden und mit Marzipan-Karotten dekorieren.

Tipp: Hübsch, besonders zu den Osterfeiertagen, ist eine Dekoration aus kleinen Marzipan-Hasen.

Apfelkuchen mit Rosinen

Zutaten für ca. 16 Stücke:

Für den Hefeteig:
500 g Mehl
80 g Zucker
80 g weiche Butter oder Margarine
250-300 ml Milch
1 Pck. Trockenhefe oder
1 Würfel Frischhefe
1 Pck. Vanillezucker
1 Prise Salz

Für den Belag:
2,5 kg säuerliche Backäpfel
(z. B. Idared)
150 g Rosinen

Zubereitung:

1. Die Milch erwärmen (nicht kochen). Das Mehl in eine Schüssel sieben und mit einem Löffel eine Mulde in die Mitte drücken. Die Hefe zusammen mit 1 TL Zucker hineingeben, etwa die Hälfte der Milch dazugießen, kurz verrühren und mit etwas Mehl bestäuben. Den so genannten Vorteig mit einem Tuch abdecken und ca. 15-20 Min. an einem warmen Ort gehen lassen.

2. In der Zwischenzeit die Äpfel waschen, schälen, halbieren und das Kerngehäuse entfernen. Die Apfelhälften jeweils in 6-7 Spalten schneiden. Die Rosinen einige Minuten in lauwarmem Wasser einweichen und gut ausdrücken.

3. Dem Vorteig die restlichen Zutaten hinzufügen und mit den Knethaken des Handrührgerätes schnell verarbeiten, bis sich der Teig vom Schüsselrand löst. Wiederum mit dem Tuch abdecken und weitere 10 Min. ruhen lassen. Danach den Teig auf einer bemehlten Arbeitsfläche flach drücken und die Seiten nach innen einschlagen, in die Schüssel zurücklegen, abdecken und nochmals 10 Min. gehen lassen.

4. Hefeteig aus der Schüssel nehmen und auf der bemehlten Arbeitsfläche mit einem Nudelholz etwa in Größe des Backblechs ausrollen. Das Backblech mit Butter fetten oder mit Backpapier auslegen und den Teig darauf legen. Die Ränder leicht hochdrücken, den Teig mit dem Tuch abdecken und weitere 5 Min. gehen lassen.

5. Danach die vorbereiteten Apfelspalten dicht nebeneinander auf den Teig setzen, mit den Rosinen bestreuen, abdecken und weitere 10-15 Min. gehen lassen.

6. Im vorgeheizten Backofen bei 200° C ca. 50 Min. backen.

Apfel-Butterkuchen

Zutaten für ein Blech:

Für den Teig:
225 g Deutsche Butter
1/4 l Milch
500 g Mehl
225 g Zucker
1 Würfel (42 g) frische Hefe
1,5 kg Äpfel
100 ml Zitronensaft
1 Pck. Vanillezucker
1 Ei
3 TL Zimt
1 Prise Salz
Fett für das Blech

Zum Verzieren:
50 g Mandelblättchen

Zubereitung:

1. Milch erwärmen. Mehl und 50 g Zucker vermengen, in eine Rührschüssel geben, in die Mitte eine Mulde drücken, Hefe hineinbröckeln, warme Milch darüber gießen, mit einer Gabel verrühren und zugedeckt an einem warmen Ort ca. 20 Min. gehen lassen.

2. In der Zwischenzeit Äpfel waschen, schälen, Kerngehäuse herausschneiden und in Stückchen schneiden. Äpfel, Zitronensaft, 100 ml Wasser, 75 g Zucker und Vanillezucker in einem Topf zum Kochen bringen. Bei schwacher Hitze ca. 15 Min. köcheln lassen.

3. Zu dem Mehl-Hefegemisch 75 g weiche Butter, das Ei, 1 TL Zimt und Salz hinzufügen, alles mit den Knethaken des Handrührgerätes verkneten und den Teig an einem warmen Ort nochmals 40 Minuten gehen lassen. Restlichen Zimt und restlichen Zucker vermengen. Hefeteig auf einem gefetteten Backblech (34 cm x 39 cm) ausrollen.

4. Apfelkompott auf dem Teig verteilen, Mulden in den Belag drücken, in die Mulden restliches Fett in Flöckchen verteilen, alles mit Zucker-Zimt-Gemisch und Mandelblättchen bestreuen und im vorgeheizten Backofen bei 200° C (Gas Stufe 3) ca. 30 Minuten backen.

Zubereitungszeit: ca. 1 Stunde (ohne Wartezeit)

Apfelkuchen mit Quark

Zutaten:

Für den Mürbteig:
320 g Mehl, 140 g Zucker
140 g weiche Butter oder Margarine
2 Eier, 1 TL Backpulver
1 Pck. Vanillezucker, 1 Prise Salz
einige Tropfen Bittermandel-Aroma

Für den Belag:
2,5 kg säuerliche Backäpfel (z. B. Idared)

Für die Quarkmasse:
500 g Speisequark
100 g Butter oder Margarine
100 g Zucker, 30 g Speisestärke
1 Pck. Vanillezucker, 4 EL Milch
einige Tropfen Zitronenaroma

Außerdem:
50 g Mandelblättchen
40 g flüssige Butter oder Margarine
30 g Zucker, 2 EL Zimt

Zubereitung:

1. Das Mehl mit Backpulver mischen, auf ein Backbrett oder die Arbeitsfläche sieben und eine Mulde in die Mitte drücken. Die Eier und die Butter in Flocken in die Mulde geben und kurz mischen. Die restlichen Zutaten dazugeben und schnell mit den Händen von außen nach innen zu einem glatten Teig kneten. Achtung: Den Teig nicht zu lange bearbeiten, da er sonst zäh und beim Backen trocken wird.

2. Den Teig auf der bemehlten Arbeitsfläche oder direkt auf einem mit Butter ausgepinselten Backblech ausrollen und mehrmals mit einer Gabel einstechen.

3. Den Teig im vorgeheizten Backofen bei 225° C ca. 15 Min. vorbacken.

4. In der Zwischenzeit die Äpfel waschen, schälen, halbieren und das Kerngehäuse entfernen. Aus jeder Hälfte ca. 6-7 Spalten schneiden.

5. Für die Quarkmasse den Speisequark mit Butter, Zucker, Vanillezucker und dem Zitronenaroma zu einer geschmeidigen Masse rühren. Die Speisestärke mit Milch auflösen und zum Schluss unter die Quarkmasse geben.

6. Jetzt die Quarkmasse auf den vorgebackenen Mürbteig geben und die Apfelspalten dicht nebeneinander auf die Masse setzen. Sofort in den Backofen schieben und weitere 30-35 Min. bei 225° C fertig backen.

7. Nach Ablauf der Backzeit den ganzen Kuchen mit der flüssigen Butter bepinseln und mit der Zimt-Zucker-Mischung bestreuen.

8. Die Mandelblättchen in einer Pfanne ohne Fett etwas anrösten und zum Schluss über den Kuchen verteilen.

Kirschkuchen mit Zucker und Zimt

Zutaten:

Für den Teig:
200 g Butter
200 g Zucker
400 g Mehl
4 Eier
1 Päckchen Backpulver
1 Päckchen Vanillezucker

Für den Belag:
1 kg Kirschen
100 g Zucker
1 EL Zimt

Zubereitung:

1. Das Backpulver mit Mehl vermischen.

2. Alle übrigen Zutaten in einer großen Schüssel schaumig rühren und das Mehl untermischen.

3. Den Backofen auf 180° C vorheizen.

4. Ein Backblech mit warmer Butter einfetten und mit Paniermehl bestreuen. Die Teigmasse auf dem Blech verteilen und mit gewaschenen, entkernten Kirschhälften belegen.

5. Mit einem Gemisch aus Zucker und Zimt bestreuen und im Backofen bei 180° C ca. 25-30 Min. backen.

Kirschkuchen mit Streuseln

Zutaten:
Für den Hefeteig:
500 g Mehl, 80 g Zucker
80 g weiche Butter oder Margarine
250-300 ml Milch
1 Pck. Trockenhefe oder
1 Würfel Frischhefe
1 Pck. Vanillezucker, 1 Prise Salz

Für den Belag:
2 kg Kirschen

Für die Streusel:
200 g Mehl, 150 g Zucker
150 g Butter
1/2 Pck. Backpulver, 1 Prise Salz
einige Tropfen Vanille- oder Zitronenaroma
1 gestr. EL Zimt

Zubereitung:

1. Die Milch erwärmen (nicht kochen). Das Mehl in eine Schüssel sieben und mit einem Löffel eine Mulde in die Mitte drücken. Die Hefe zusammen mit 1 TL Zucker hineingeben, etwa die Hälfte der Milch dazugießen, kurz verrühren und mit etwas Mehl bestäuben. Den so genannten Vorteig mit einem Tuch abdecken und ca. 15-20 Min. an einem warmen Ort gehen lassen.

2. In der Zwischenzeit die Kirschen waschen, abtropfen lassen und entkernen.

3. Für die Streusel Backpulver und Mehl in eine Schüssel sieben, die Butter in Flöckchen dazugeben, restliche Zutaten hinzufügen und rasch mit den Händen oder den Knethaken des Handrührgerätes zu Streuseln verarbeiten.

4. Dem Vorteig die restlichen Zutaten hinzufügen und mit den Knethaken des Handrührgerätes schnell verarbeiten, bis sich der Teig vom Schüsselrand löst. Wiederum mit dem Tuch abdecken und weitere 10 Min. ruhen lassen. Danach den Teig auf einer bemehlten Arbeitsfläche flach drücken und die Seiten nach innen einschlagen, in die Schüssel zurücklegen, abdecken und nochmals 10 Min. gehen lassen.

5. Hefeteig aus der Schüssel nehmen und auf der bemehlten Arbeitsfläche mit einem Nudelholz etwa in Größe des Backblechs ausrollen. Das Backblech mit Butter fetten oder mit Backpapier auslegen und den Teig darauf legen. Die Ränder leicht hochdrücken, den Teig mit dem Tuch abdecken und weitere 5 Min. gehen lassen.

6. Danach die vorbereiteten Kirschen auf dem Teig verteilen, Streusel darauf geben, abdecken und weitere 10-15 Min. gehen lassen.

7. Im vorgeheizten Backofen bei 200-225° C ca. 40-45 Min. backen.

Kirschkuchen mit Marzipanguss

Zutaten für 20 Stücke:

Für den Teig:
2 Packungen TK-Hefeteig à 450 g
(z. B. von Koopmans)
2 kg Sauerkirschen (Schattenmorellen)
Fett für das Backblech

Für den Guss:
200 g Marzipan-Rohmasse
2 Eigelb
1 Pck. Vanille-Puddingpulver
50 g Zucker
1 Becher Sahne (200 g)
2 EL gehackte Mandeln

Zum Verzieren:
3 EL Mandelblättchen
Puderzucker

Zubereitung:

1. Hefeteig nach Packungsanweisung auftauen, kneten und gehen lassen. Teig auf einem gefetteten Backblech ausrollen. Kirschen entstielen, waschen, abtropfen lassen, entsteinen und den Teig damit belegen.

2. Für den Guss Marzipan mit Eigelb, Puddingpulver, Zucker, Sahne und Mandeln zu einer geschmeidigen Masse verarbeiten und auf die Kirschen streichen.

3. Kuchen nochmals 20 Min. gehen lassen. Im vorgeheizten Backofen bei 200° C ca. 25-30 Min. backen. Auf dem Backblech abkühlen lassen und anschließend in Stücke schneiden.

4. Mandelblättchen kurz in einer Pfanne ohne Fett rösten, auf den Kuchenstücken verteilen und mit Puderzucker bestreuen.

Zubereitungszeit: ca. 35 Min.
Backzeit: ca. 30 Min.

Johannisbeerkuchen

Zutaten:

Für den Biskuitteig:
3-4 Eier
125 g Zucker
1 Pck. Vanillezucker
1 Prise Salz
75 g Mehl
50 g Speisestärke
60 g Butter oder Margarine

Für den Belag:
1-1,5 kg Johannisbeeren
2 Pck. Tortenguss, klar

Zubereitung:

1. Die Eier mit dem Zucker und Vanillezucker im Wasserbad schaumig schlagen, etwas abkühlen lassen und die Prise Salz hinzufügen.

2. Die Butter oder Margarine schmelzen lassen und abwechselnd mit Mehl und Speisestärke unter die Eiermasse rühren.

3. Das Backblech mit Butter fetten oder mit Backpapier auslegen und den Biskuitteig fingerdick darauf streichen. Im vorgeheizten Backofen bei 220° C ca. 10-15 Min. hellgelb backen.

4. Die Johannisbeeren von den Rispen zupfen, waschen, gut abtropfen lassen und auf dem Biskuitteig verteilen.

5. Zum Schluss den Tortenguss nach Packungsanleitung zubereiten und über dem Kuchen verteilen. Mit gesüßter Schlagsahne servieren.

Tipp: Da die Johannisbeeren nicht mitgebacken werden, erfrischt dieser Kuchen besonders an heißen Sommertagen.

Heidelbeerkuchen

Zutaten:

Für den Hefeteig:
500 g Mehl
80 g Zucker
80 g weiche Butter oder Margarine
250-300 ml Milch
1 Pck. Trockenhefe oder
1 Würfel Frischhefe
1 Pck. Vanillezucker
1 Prise Salz

Für den Belag:
1,5 kg Heidelbeeren

Zubereitung:

1. Die Milch erwärmen (nicht kochen). Das Mehl in eine Schüssel sieben und mit einem Löffel eine Mulde in die Mitte drücken. Die Hefe zusammen mit 1 TL Zucker hineingeben, etwa die Hälfte der Milch dazugießen, kurz verrühren und mit etwas Mehl bestäuben. Den so genannten Vorteig mit einem Tuch abdecken und ca. 15-20 Min. an einem warmen Ort gehen lassen.

2. In der Zwischenzeit die Heidelbeeren waschen und gut abtropfen lassen.

3. Dem Vorteig die restlichen Zutaten hinzufügen und mit den Knethaken des Handrührgerätes schnell verarbeiten, bis sich der Teig vom Schüsselrand löst. Wiederum mit dem Tuch abdecken und weitere 10 Min. ruhen lassen. Danach den Teig auf einer bemehlten Arbeitsfläche flach drücken und die Seiten nach innen einschlagen, in die Schüssel zurücklegen, abdecken und nochmals 10 Min. gehen lassen.

4. Hefeteig aus der Schüssel nehmen und auf der bemehlten Arbeitsfläche mit einem Nudelholz etwa in Größe des Backblechs ausrollen. Das Backblech mit Butter fetten oder mit Backpapier auslegen und den Teig darauf legen. Die Ränder leicht hochdrücken, den Teig mit dem Tuch abdecken und weitere 5 Min. gehen lassen.

5. Danach die Heidelbeeren auf dem Teig verteilen und weitere 10-15 Min. gehen lassen.

6. Im vorgeheizten Backofen bei 200-225° C ca. 40-45 Min. backen.

7. Erkalten lassen, in Stücke schneiden und kurz vor dem Servieren je nach Geschmack nur mit Zucker bestreuen oder zusätzlich noch mit Sahne reichen.

Tipp: Der Heidelbeerkuchen kann auch mit Streuseln gebacken werden oder halb und halb.

Zwetschenkuchen, einfach

Zutaten:

Für den Hefeteig:
500 g Mehl
80 g Zucker
80 g weiche Butter oder Margarine
250-300 ml Milch
1 Pck. Trockenhefe oder
1 Würfel Frischhefe
1 Pck. Vanillezucker
1 Prise Salz

Für den Belag:
2,5 kg Zwetschen

Zubereitung:

1. Die Milch erwärmen (nicht kochen). Das Mehl in eine Schüssel sieben und mit einem Löffel eine Mulde in die Mitte drücken. Die Hefe zusammen mit 1 TL Zucker hineingeben, etwa die Hälfte der Milch dazugießen, kurz verrühren und mit etwas Mehl bestäuben. Den so genannten Vorteig mit einem Tuch abdecken und ca. 15-20 Min. an einem warmen Ort gehen lassen.

2. In der Zwischenzeit die Zwetschen waschen, abtropfen lassen und den Kern mit einem speziellen Zwetschenentkerner entfernen. Wer keinen Entkerner besitzt: Zwetschen zur Hälfte aufschneiden (nicht durchschneiden), Kern entfernen und die zusammenhängenden Hälften jeweils zu 1/3 einschneiden, sodass vier Spitzen entstehen.

3. Dem Vorteig die restlichen Zutaten hinzufügen und mit den Knethaken des Handrührgerätes schnell verarbeiten, bis sich der Teig vom Schüsselrand löst. Wiederum mit dem Tuch abdecken und weitere 10 Min. ruhen lassen. Danach den Teig auf einer bemehlten Arbeitsfläche flach drücken und die Seiten nach innen einschlagen, in die Schüssel zurücklegen, abdecken und nochmals 10 Min. gehen lassen.

4. Hefeteig aus der Schüssel nehmen und auf der bemehlten Arbeitsfläche mit einem Nudelholz etwa in Größe des Backblechs ausrollen. Das Backblech mit Butter fetten oder mit Backpapier auslegen und den Teig darauf legen. Die Ränder leicht hochdrücken, den Teig mit dem Tuch abdecken und weitere 5 Min. gehen lassen.

5. Danach die vorbereiteten Zwetschen schuppenförmig auf den Teig setzen, abdecken und weitere 10-15 Min. gehen lassen.

6. Im vorgeheizten Backofen bei 200-225° C ca. 40-45 Min. backen.

7. Nach Ablauf der Backzeit den Kuchen kurz abkühlen lassen, rasch vom Blech nehmen und auf einem Kuchengitter erkalten lassen. Danach in Stücke schneiden und kurz vor dem Servieren je nach Geschmack nur mit Zucker bestreuen oder zusätzlich noch mit Sahne reichen.

Tipp: Den Zwetschenkuchen erst kurz vor dem Servieren mit Zucker bestreuen, da sonst die Früchte zu viel Saft ziehen.

Zwetschenkuchen mit Streuseln

Zutaten:

Für den Hefeteig:
200 g Mehl, 30 g Zucker
30 g weiche Butter oder Margarine
100-150 ml Milch
1/2 Pck. Trockenhefe oder
1/2 Würfel Frischhefe
1/2 Pck. Vanillezucker, 1 Prise Salz

Für den Belag:
1,5 kg Zwetschen

Für die Streusel:
80 g Mehl, 45 g Zucker, 45 g Butter
1/2 TL Backpulver, 1/2 TL Zimt

Außerdem:
1 runde Tarteform oder ein Pizzablech
mit glattem Rand (ø 26 cm)

Zubereitung:

1. Die Milch erwärmen (nicht kochen). Das Mehl in eine Schüssel sieben und mit einem Löffel eine Mulde in die Mitte drücken. Die Hefe zusammen mit 1 TL Zucker hineingeben, etwa die Hälfte der Milch dazugießen, kurz verrühren und mit etwas Mehl bestäuben. Den so genannten Vorteig mit einem Tuch abdecken und ca. 15-20 Min. an einem warmen Ort gehen lassen.

2. In der Zwischenzeit die Zwetschen waschen, abtropfen lassen und den Kern mit einem speziellen Zwetschenentkerner entfernen. Wer keinen Entkerner besitzt: Zwetschen zur Hälfte aufschneiden (nicht durchschneiden), Kern entfernen und die zusammenhängenden Hälften jeweils zu 1/3 einschneiden, sodass vier Spitzen entstehen.

3. Für die Streusel Backpulver und Mehl in eine Schüssel sieben, die Butter in Flöckchen dazugeben, restliche Zutaten hinzufügen und rasch mit den Händen oder den Knethaken des Handrührgerätes zu Streuseln verarbeiten.

4. Dem Vorteig die restlichen Zutaten hinzufügen und mit den Knethaken des Handrührgerätes schnell verarbeiten, bis sich der Teig vom Schüsselrand löst. Wiederum mit dem Tuch abdecken und weitere 20 Min. ruhen lassen.

5. Hefeteig aus der Schüssel nehmen und auf der bemehlten Arbeitsfläche mit einem Nudelholz etwa in Größe des Backblechs ausrollen. Das Backblech mit Butter fetten oder mit Backpapier auslegen und den Teig darauf legen. Die Ränder leicht hochdrücken, den Teig mit dem Tuch abdecken und weitere 5 Min. gehen lassen.

6. Danach die vorbereiteten Zwetschen schuppenförmig auf den Teig setzen, Streusel darauf geben, abdecken und weitere 10-15 Min. gehen lassen.

7. Im vorgeheizten Backofen bei 200-225° C ca. 40-45 Min. backen.

Aprikosenkuchen

Zutaten:

Für den Hefeteig:
500 g Mehl
80 g Zucker
80 g weiche Butter oder Margarine
250 ml Milch
1 Pck. Trockenhefe oder
1 Würfel Frischhefe
1 Pck. Vanillezucker
1 Prise Salz

Für den Belag:
400 g gemahlene Mandeln
100 g ganze, geschälte Mandeln
300 g Butter oder Margarine
150 g Puderzucker
2 Eier
1 kg Aprikosen

Zubereitung:

1. Die Milch erwärmen (nicht kochen). Das Mehl in eine Schüssel sieben und mit einem Löffel eine Mulde in die Mitte drücken. Die Hefe zusammen mit 1 TL Zucker hineingeben, etwa die Hälfte der Milch dazugießen, kurz verrühren und mit etwas Mehl bestäuben. Den so genannten Vorteig mit einem Tuch abdecken und ca. 15-20 Min. an einem warmen Ort gehen lassen.

2. Zwischendurch die Aprikosen waschen, gut abtropfen lassen, halbieren und den Stein entfernen.

3. Dem Vorteig die restlichen Zutaten hinzufügen und mit den Knethaken des Handrührgerätes schnell verarbeiten, bis sich der Teig vom Schüsselrand löst. Wiederum mit dem Tuch abdecken und weitere 20 Min. ruhen lassen.

4. Hefeteig aus der Schüssel nehmen und auf der bemehlten Arbeitsfläche mit einem Nudelholz etwa in Größe des Backblechs ausrollen. Das Backblech mit Butter fetten oder mit Backpapier auslegen und den Teig darauf legen. Die Ränder leicht hochdrücken, den Teig mit dem Tuch abdecken und weitere 5 Min. gehen lassen.

5. Für den Belag den Puderzucker in eine Schüssel sieben und dann mit den Eiern, gemahlenen Mandeln und weicher Butter zu einer glatten Masse rühren.

6. Die Mandel-Masse auf dem Teig verteilen und mit den Aprikosenhälften belegen. Auf jede Aprikose eine ganze Mandel legen.

7. Den Kuchen im vorgeheizten Backofen bei 200° C ca. 40-45 Minuten backen.

Blechkuchen mit versunkenen Mirabellen

Zutaten:

Für den Teig:
5 Eier
300 g Butter
300 g Zucker
300 g Mehl
1/8 l Milch
1 Pck. Vanillezucker
1 gestr. TL Backpulver
4 cl Mirabellengeist

Für den Belag:
500 g Mirabellen
2 EL Schokoladenstreusel

Zubereitung:

1. Butter, Zucker und Vanillezucker schaumig rühren, Eier nach und nach zugeben. Mehl und Backpulver vermischen, unterheben und Mirabellengeist und Milch einrühren.

2. Den Teig auf ein Backblech mit durchgehendem Rand füllen.

3. Entsteinte Mirabellen auf den Teig legen und die Schokoladenstreusel darüber streuen.

4. Den Kuchen im vorgeheizten Backofen ca. 40 Min. bei 180° C backen.

5. Mit gesüßter Schlagsahne servieren.

Mürbteig-Birnenkuchen

Zutaten:

Für den Mürbteig:
100 g Zucker
200 g Butter
300 g Mehl
1 Ei

Für den Belag:
1,5 kg Birnen
6 Eier
100 g Zucker
150 g geriebene Mandeln
50 g Maisstärke
4 cl Birnengeist

Außerdem:
2 unbehandelte Zitronen
50 g Zucker

Zubereitung:

1. Aus Zucker, Butter, Mehl und Ei einen Teig kneten und 1 Stunde im Kühlschrank ruhen lassen.
2. Dann 3 mm stark ausrollen und auf ein gebuttertes Backblech legen. Mit einer Gabel in gleichmäßigen Abständen einstechen.
3. Die Birnen schälen, achteln, das Kerngehäuse entfernen und die Birnenschnitze auf dem Boden verteilen.
4. Die Eier mit dem Zucker in der Küchenmaschine schaumig schlagen. Die geriebenen Mandeln mit der Maisstärke vermischen, den Birnengeist zugeben und unter die Eier heben.
5. Die Masse gleichmäßig auf die Birnen streichen und den Kuchen ca. 30 Min. bei 180° C backen.
6. In der Zwischenzeit die Zitronen waschen und von der Schale dünne Streifen abschälen. Den Zucker mit 3 EL Wasser aufkochen, die Zitronenstreifen hineingeben und einige Minuten sanft köcheln lassen.
7. Die Streifen aus dem Zuckerwasser heben und auf dem noch warmen Kuchen verteilen.

Kaffee-Creme-Schnitten

Zutaten:

Für den Biskuitteig:
6 Eier
120 g Puderzucker
50 g Mehl
40 g Kartoffelstärke
40 g Butter oder Margarine

Für die Creme:
3 TL löslicher Kaffee
1 Pck. Vanillepudding
1/2 l Milch
200 g Butter oder Margarine
100 g Puderzucker
1 Eigelb
Mokkabohnen zum Verzieren

Zubereitung:

1. Die Eier mit dem Puderzucker im Wasserbad schaumig schlagen und etwas abkühlen lassen.

2. Die Butter oder Margarine schmelzen lassen und abwechselnd mit Mehl und Kartoffelstärke unter die Eiermasse rühren.

3. Das Backblech mit Butter fetten oder mit Backpapier auslegen und den Biskuitteig fingerdick darauf streichen. Im vorgeheizten Backofen bei 220° C ca. 10-15 Min. hellgelb backen und nach dem Abkühlen in zwei 10 cm breite Streifen schneiden.

4. Für die Creme zunächst den Kaffee auflösen und beiseite stellen. Die Milch zum Kochen bringen und das Puddingpulver einrühren. Den Vanillepudding abkühlen lassen, mit Butter und Puderzucker aufschlagen, das Eigelb dazugeben und zum Schluss den Kaffee unterrühren. Ca. 4-5 Esslöffel der Creme für die Verzierung zur Seite stellen.

5. Nun auf einen Biskuitstreifen ca. 2/3 der Kaffee-Creme löffelweise aufstreichen, den zweiten Streifen darauf legen und ringsherum mit dem Rest der Creme bestreichen. Mit einem Spritzbeutel kleine Häubchen aufspritzen und mit den Mokkabohnen verzieren.

Schwarzwälder Sahne-Schnitten

Zutaten:

Für den Biskuitteig:
3-4 Eier
125 g Zucker
1 Pck. Vanillezucker
1 Prise Salz
75 g Mehl
50 g Speisestärke
60 g Butter oder Margarine
2-3 EL Kakaopulver

Für den Belag:
1 Glas Sauerkirschen, entsteint
2 TL Speisestärke
1/2 l Schlagsahne
15 g Zucker
2 Pck. Sahnesteif
Schokostreusel

Zubereitung:

1. Die Eier mit dem Zucker und Vanillezucker im Wasserbad schaumig schlagen, etwas abkühlen lassen und die Prise Salz hinzufügen.

2. Die Butter oder Margarine schmelzen lassen und abwechselnd mit Mehl und Speisestärke unter die Eiermasse rühren. Zum Schluss den Kakao hineinsieben und nochmals kurz aufschlagen.

3. Das Backblech mit Butter fetten oder mit Backpapier auslegen und den Biskuitteig fingerdick darauf streichen. Im vorgeheizten Backofen bei 220° C ca. 10-15 Min. backen. Nach Ablauf der Backzeit den Biskuitboden sofort vom Blech nehmen und auf einem Kuchengitter erkalten lassen.

4. Die Sauerkirschen in ein Sieb gießen, dabei den Saft auffangen und gut abtropfen lassen. Einige schöne Kirschen zur späteren Dekoration aufheben. 1/4 l des Kirschsaftes zum Kochen bringen. Die Speisestärke mit 4-5 EL kaltem Kirschsaft verrühren und unter Rühren in den Topf gießen. Ca. 1 Min. kochen lassen, die Kirschen dazugeben und abkühlen lassen.

5. Den kalten Kirschbelag gleichmäßig auf dem Biskuitboden verteilen. Die Sahne mit Zucker und Sahnesteif sehr fest schlagen und auf den Belag streichen. Ca. 10 EL Sahne zur Dekoration beiseite stellen.

6. Zum Schluss in Stücke schneiden, jeweils mit Sahnehäubchen, einer Kirsche und Schokostreuseln dekorieren.

Bienenstich mit Frischkäse und Zwetschenmus

Zutaten:

Für den Teig:
500 g Mehl
40 g Backhefe
60 g Zucker, 1/4 l Milch
1 Prise Salz
50 g Butter
2 Eier

Für den Belag:
150 g Butter, 100 g Zucker
1/4 l Sahne
300 g gehobelte Mandeln

Für die Füllung:
400 g Frischkäse
150 g Zwetschenmus
4 cl Zwetschenwasser

Zubereitung:

1. Aus Mehl, Hefe, Zucker und Milch einen Vorteig zubereiten und ca. 20 Min. gehen lassen.

2. Dann die restlichen Teigzutaten unterarbeiten und gut durchkneten. Den Teig 30 Min. ruhen lassen.

3. Danach ausrollen und auf ein gebuttertes Backblech legen.

4. Für den Belag Butter in einem Topf schmelzen, den Zucker zufügen, aber nicht bräunen. Danach die Sahne zugießen, aufkochen und mit den Mandeln vermengen.

5. Die Masse auf dem Teig verteilen. Im vorgeheizten Backofen 30 Min. bei 180° C backen. Auskühlen lassen und waagrecht halbieren.

6. Den Frischkäse mit dem Zwetschenmus und dem Zwetschenwasser glatt rühren, auf den Boden streichen und den Deckel aufsetzen.

Donauwellen

Zutaten:

Für den Rührteig:
250 g Butter oder Margarine
200 g Zucker
1 Pck. Vanillezucker
1 Prise Salz
5 Eier
375 g Mehl
3 gestr. TL Backpulver
20 g Kakao
1 EL Milch
1 Glas Sauerkirschen, entsteint

Für die Creme:
1 Pck. Vanillepuddingpulver
100 g Zucker
1/2 l Milch
250 g Butter

Für die Glasur:
200 g Zartbitterkuvertüre

Zubereitung:

1. Die Butter mit Zucker und Vanillezucker schaumig rühren. Das Salz und nach und nach die Eier unterrühren.

2. Das Mehl mit dem Backpulver mischen und löffelweise unterrühren, bis ein geschmeidiger Teig entsteht.

3. Ein Backblech mit Butter fetten und ca. 2/3 des Teiges darauf streichen.

4. Den restlichen Teig mit Kakao mischen und mit dem Esslöffel Milch verrühren. Den dunklen Teig auf dem hellen verteilen und glatt streichen.

5. Die Sauerkirschen durch ein Sieb abgießen, gut abtropfen lassen und auf den dunklen Teig geben.

6. Im vorgeheizten Backofen bei 180-200° C ca. 35-40 Min. backen und erkalten lassen.

7. In der Zwischenzeit den Vanillepudding aus Milch, Zucker und Puddingpulver zubereiten und etwas abkühlen lassen. Die Butter cremig rühren und esslöffelweise mit dem Pudding vermischen. Den Kuchen gleichmäßig mit der Buttercreme bestreichen und in den Kühlschrank stellen.

8. Zum Schluss die Zartbitterkuvertüre im Wasserbad schmelzen und nicht zu heiß über die kalte Buttercreme streichen.

Pfirsich-Biskuitrolle

Zutaten:

Für den Biskuitteig:
5 Eier
5 EL warmes Wasser
150 g Zucker
1 Pck. Vanillezucker
1 Prise Salz
75 g Mehl
75 g Speisestärke
60 g Butter

Für die Füllung:
1/2 l Sahne, 15 g Zucker
2 Pck. Sahnesteif
425 g Pfirsiche aus der Dose

Außerdem:
gehackte Pistazien zum Dekorieren

Zubereitung:

1. Die Eier mit Wasser, Zucker, Vanillezucker und Salz im Wasserbad schaumig schlagen und abkühlen lassen.

2. Das Mehl und die Speisestärke in die Eiermasse sieben und unterrühren. Die Butter zergehen lassen und zum Schluss unter den Teig mischen.

3. Ein Backblech mit Butter einfetten oder mit Backpapier auslegen. Den Teig darauf geben und im vorgeheizten Backofen bei 200° C ca. 10-15 Min. hellgelb backen.

4. Nach Ablauf der Backzeit den Biskuitboden auf ein Küchentuch stürzen und erkalten lassen.

5. Für die Füllung die Sahne mit Zucker und Sahnesteif sehr fest schlagen. Die Pfirsiche durch ein Sieb gießen, gut abtropfen lassen und in kleine Stücke schneiden. 1-2 Pfirsichhälften zum Dekorieren in Spalten schneiden.

6. Ca. 1/3 der Sahne beiseite stellen, den Rest mit den Pfirsichstücken mischen und auf den Biskuitboden streichen.

7. Mithilfe des Küchentuches den Biskuitboden aufrollen, rundherum mit der Sahne bestreichen, die Pfirsichspalten darauf setzen und mit gehackten Pistazien bestreuen.

Buttermilchzopf, Rosinenzopf und Kleine Mohnrolle

Zutaten:

Für den Buttermilchzopf:
500 g Mehl
80 g Zucker
80 g weiche Butter oder Margarine
250 ml Buttermilch
1 Pck. Trockenhefe oder
1 Würfel Frischhefe
1 Pck. Vanillezucker
1 Prise Salz

Für den Rosinenzopf:
500 g Mehl
80 g Zucker
80 g weiche Butter oder Margarine
250 g Rosinen
100 g gehackte Mandeln
250 ml Milch
1 Pck. Trockenhefe oder
1 Würfel Frischhefe
1 Pck. Vanillezucker
1 Prise Salz

Für die Mohnrolle:
250 g Mehl
40 g Zucker
40 g Butter oder Margarine, 125 ml Milch
1/2 Pck. Trockenhefe oder
1/2 Würfel Frischhefe
1/2 Pck. Vanillezucker
1 Prise Salz

Für die Füllung:
2 Eier
70 g Puderzucker
125 g Mohn, gemahlen
70 g Butter, 1 Msp. Zimt
1 Msp. Backpulver
Einige Tropfen Rum-Aroma

Grundrezept Hefeteig:

1. Die Milch/Buttermilch erwärmen (nicht kochen). Das Mehl in eine Schüssel sieben und mit einem Löffel eine Mulde in die Mitte drücken. Die Hefe zusammen mit 1 TL Zucker hineingeben, etwa die Hälfte der Milch dazugießen, kurz verrühren und mit etwas Mehl bestäuben. Den so genannten Vorteig mit einem Tuch abdecken und ca. 15-20 Min. an einem warmen Ort gehen lassen.

2. Dem Vorteig die restlichen Zutaten hinzufügen und mit den Knethaken des Handrührgerätes schnell verarbeiten, bis sich der Teig vom Schüsselrand löst. Wiederum mit dem Tuch abdecken und weitere 20 Min. ruhen lassen.

3. Den Teig nochmals durchkneten und für den Viererzopf in vier gleich große Stücke teilen. Die Stücke jeweils zu Rollen formen und flechten (siehe Abb. Seite 10).

4. Bei dem Rosinenzopf werden dem Teig noch die Rosinen und gehackten Mandeln hinzugefügt. In drei gleich große Stücke teilen, zu Rollen formen und flechten.

5. Für die Mohnrolle den Teig dünn ausrollen. Aus den angegebenen Zutaten die Füllung zubereiten und auf den Teig streichen, zusammenrollen und den Teig oben mit einem scharfen Messer einritzen.

6. Die Zöpfe bzw. Rolle auf ein gefettetes oder mit Backpapier ausgelegtes Backblech legen und jeweils bei ca. 180-200° C im vorgeheizten Ofen 40-50 Minuten backen.

Tipp: Das Gebäck bekommt einen schönen Glanz, wenn es vor dem Backen mit Eigelb bepinselt wird.

Paradiestorte

Zutaten:

Für den Strudelteig:
300 g Mehl Type 405, 2 EL Öl, 1 Ei
1 Prise Salz, 1/8 l Wasser

Für die Füllung:
200 g frische Feigen
200 g getrocknete Datteln
3-4 rote, säuerliche Äpfel
50 g kandierte Kirschen
70 g Rosinen, Saft einer Zitrone
30 g Mandelstifte
1/2 TL Zimt, 2 EL Rum, 30 g Butter

Zum Bestreichen:
1 Eigelb, 2 EL Milch

Zum Garnieren:
2 Rosinen, 1 rote Apfelschale
1 EL Puderzucker

Zubereitung:

1. Für den Teig das Mehl auf ein Backblech sieben und eine Mulde hineindrücken. Die Zutaten in die Mulde geben und alles zu einem glatten Teig verarbeiten. Den Teig 1 Stunde zugedeckt ruhen lassen.

2. Für die Füllung die Feigen waschen und vierteln, die Datteln halbieren und entkernen. Die Äpfel schälen, entkernen und in kleine Stücke schneiden, die kandierten Kirschen halbieren. Alle Früchte mit Zitronensaft, Rosinen, Mandelstiften, Zimt und Rum vermischen.

3. Den Teig möglichst dünn ausrollen und auf ein mit Mehl bestreutes Küchentuch legen. Dann unter die Mitte des Teiges mit beiden Händen, die Handrücken nach oben, greifen und den Teig mit gespreizten Fingern von der Mitte aus nach allen Seiten ausziehen, bis er papierdünn ist.

4. Die Butter zerlassen, mit einem Teil davon den Teig einpinseln. Die Früchtefüllung gleichmäßig auf dem Teig verteilen, es sollte ringsum ein Rand von 2 cm frei bleiben. Das Geschirrtuch leicht anheben und den Teig von der Längsseite her zusammenrollen. Die Teigenden zusammendrücken und unter den Strudel schieben.

5. Ein Backblech mit Backpapier auslegen oder mit Butter bestreichen. Wer möchte, kann den Strudel als gerollte Schlange in eine Springform (ø 24 cm) einlegen, dann bleibt sie schön rund. Für den Schlangenkopf die Rosinen als Augen, die Zunge aus einer roten Apfelschale schneiden und nach dem Backen einsetzen.

6. Das Eigelb mit der Milch verrühren und die Torte damit bestreichen. Bei 200° C im vorgeheizten Backofen ca. 35-40 Minuten backen. Die Paradiestorte mit Puderzucker bestreuen und warm oder ausgekühlt servieren.

Zubereitungszeit: ca. 45 Minuten (ohne Wartezeiten). Backzeit: ca. 35-40 Minuten.

Amerikaner und Nussschnitten

Zutaten für Amerikaner:

Für den Rührteig:
250 g Mehl
65 g Butter oder Margarine
90 g Zucker
2 Eier
100 ml Milch
1 Pck. Vanillezucker
1 Prise Salz
3 gestr. TL Backpulver

Für den Guss:
200 g Puderzucker
2-3 EL Zitronensaft
100 g Schokoladenkuvertüre

Zutaten für Nussschnitten:

Für den Knetteig:
200 g Mehl, 75 g Zucker
100 g Butter
1/2 TL Backpulver
1 Pck. Vanillezucker
1 Prise Salz, 2 EL Wasser

Für den Belag:
100 g gehobelte Mandeln
100 g gemahlene Haselnüsse
50 g Butter, 100 g Zucker
2-3 EL Honig

Außerdem:
100 g Schokoladenkuvertüre

Zubereitung der Amerikaner:

1. Die Butter, Zucker und Vanillezucker schaumig rühren.
2. Das Mehl mit Backpulver mischen, sieben und mit der Buttermasse verrühren. Die Eier und Salz hinzufügen und mit der Milch zu einem glatten Teig verarbeiten.
3. Ein Backblech mit Backpapier auslegen und ca. 12 Häufchen Teig darauf geben. Achtung: Nicht zu dicht aneinander setzen, da das Gebäck sonst zusammenhängt.
4. Im vorgeheizten Backofen bei 200° C ca. 20 Min. backen.
5. Aus Puderzucker und Zitronensaft den Guss rühren und die Kuvertüre im Wasserbad schmelzen. Die Unterseiten der Amerikaner können nun nach Belieben mit Guss oder Kuvertüre bestrichen und verziert werden.

Zubereitung der Nussschnitten:

1. Mehl und Backpulver mischen und auf die Arbeitsplatte sieben. In die Mitte eine Mulde drücken und Zucker, Vanillezucker, Salz, Wasser und die Butter in Flöckchen hineingeben.
2. Von der Mitte aus alle Zutaten schnell zu einem glatten Teig verkneten und rechteckig ausrollen. Die Teigplatte in zwei Streifen von ca. 14 x 30 cm schneiden.
3. Ein Backblech mit Backpapier auslegen, die Teigstreifen darauf legen und jeweils die Längsseiten der Streifen 2 cm nach innen umlegen.
4. Im vorgeheizten Backofen bei 200° C ca. 10 Minuten vorbacken.
5. Für den Belag die Butter zergehen lassen, Zucker und Vanillezucker hinzufügen und karamellisieren lassen. Den Honig dazugeben, mit Mandeln und Haselnüssen vermischen.
6. Die Mandel-Nuss-Masse auf die Gebäckstreifen geben und bei gleicher Temperatur weitere 10 Minuten backen.
7. Nach Ablauf der Backzeit die Gebäckstücke in Streifen schneiden, die Kuvertüre im Wasserbad schmelzen und jeweils die Enden der Streifen hineintauchen.

Windbeutel und Eclairs

Zutaten:

Für den Brandteig:
125 ml Wasser, 125 ml Milch
50 g Butter, 150 g Mehl
30 g Speisestärke
5-6 Eier

Für die Füllung:
750 ml Sahne
50 g Puderzucker
1 Pck. Vanillezucker
3 Pck. Sahnesteif

Außerdem für die Windbeutel:
einige Pfirsichstücke aus der Dose
oder Früchte der Saison

Außerdem für die Eclairs:
50 g Kakao
Schokostreusel

Zubereitung:

1. Das Wasser zusammen mit Milch und Butter zum Kochen bringen. Das Mehl und die Speisestärke in eine Schüssel sieben.

2. Wenn die Flüssigkeit kocht, die Mehlmischung auf einmal in den Topf schütten und kräftig rühren, bis sich ein glatter Kloß bildet (abbrennen). Den Teig in eine Schüssel geben und nach und nach die Eier dazugeben. So lange rühren, bis ein glatter, glänzender Teig entsteht, der in langen Spitzen vom Löffel reißt.

3. Den Teig esslöffelweise in einen Spritzbeutel mit großer Sterntülle füllen und auf ein gefettetes oder mit Backpapier ausgelegtes Backblech spritzen. Für die Windbeutel in Schneckenform, für die Eclairs in länglicher Form mit verdickten Enden. Achtung: Nicht zu viel Teig aufspritzen, da sich die Menge beim Backen verdoppelt.

4. In den auf 200-225° C vorgeheizten Backofen schieben und ca. 20-25 Minuten backen. Achtung: Während der ersten 15 Minuten die Backofentür nicht öffnen, da das Gebäck sonst zusammenfällt.

5. Nach Ablauf der Backzeit die einzelnen Gebäckstücke sofort quer durchschneiden.

6. Für die Füllung die Sahne ungefähr 1/2 Minute mit dem Handrührgerät anschlagen. Den Puderzucker, Vanillezucker und die Sahnesteif hinzufügen und die Sahne sehr steif schlagen. Ca. 2/3 der Menge in einen Spritzbeutel geben und die Windbeutel damit füllen. Einige Pfirsichstücke dazugeben und die abgeschnittenen Deckel wieder auflegen.

7. Für die Eclairs die verbliebene Menge der Füllung mit dem Kakao mischen und aufspritzen. Mit Schokostreuseln bestreuen und die Deckel auflegen.

8. Zum Schluss das Gebäck mit Puderzucker bestäuben.

Pizzaschnitte

Zutaten:

Für den Hefeteig:
300 g Mehl
1 Würfel Hefe
1 Prise Salz
4 EL Öl
200 ml lauwarmes Wasser

Für den Belag:
250 g pürierte Tomaten
250 g geriebener Käse (evtl. Bergkäse)
200 g klein gewürfeltes Dörrfleisch
2 kleine Zwiebeln
1 Bund Petersilie
1 Bund Schnittlauch
Salz, Pfeffer

Zubereitung:

1. Das Mehl in eine Rührschüssel sieben, die Hefe darüber bröseln und mit dem Mehl gut vermischen.
2. In die Mitte eine Vertiefung drücken und Salz, Wasser und Öl hineingeben. Mit den Knethaken des Handrührgerätes auf höchster Stufe so lange kneten, bis sich der Teig vom Schüsselrand löst und Blasen wirft.
3. Mit den Händen nochmals gut durchkneten und zugedeckt ca. 10 Min. gehen lassen.
4. Zwischendurch die Zwiebeln schälen und in dünne Ringe schneiden. Petersilie und Schnittlauch waschen, gut abtropfen lassen und klein schneiden.
5. Den Teig rechteckig ausrollen und auf das gefettete Backblech legen.
6. Nun die pürierten Tomaten, den Käse, die Dörrfleischwürfel und die Zwiebelringe gleichmäßig auf dem Teig verteilen und mit Salz und Pfeffer würzen.
7. Im vorgeheizten Backofen bei 250° C ca. 15-20 Min. backen.
8. Vor dem Servieren mit Petersilie und Schnittlauch bestreuen.

Hackbraten vom Blech

Zutaten:
300 g Schweinemett
1 kg Hackfleisch vom Schwein
1 kg Hackfleisch vom Rind
1 Päckchen tiefgefrorene Petersilie
200 g Zwiebeln
2 altbackene Brötchen
1 große Knoblauchzehe
3 Eier, 10 g Salz
frisch gemahlener, schwarzer Pfeffer
2 EL Butter zum Einfetten und zum Bestreichen

Zum Garnieren:
Petersiliensträußchen
je 1 rote und grüne Paprikaschote

Zubereitung:

1. Schweinemett, Hackfleisch, Petersilie, fein gehackte Zwiebeln und die in Wasser eingeweichten, gut ausgedrückten Brötchen zusammen mit der fein gehackten Knoblauchzehe, den Eiern und Gewürzen zu einem Teig verkneten. Den Fleischteig pikant abschmecken.

2. Auf ein mit Butter ausgestrichenes Backblech geben, Portionen mit einem Messer einkerben und mit zerlassener Butter bestreichen.

3. Im vorgeheizten Backofen bei 220° C auf der unteren Schiene 20 Min. backen, danach 5 Min. übergrillen. Abkühlen lassen. Mit Streifen aus Paprika und mit Petersilie garnieren.

Zwiebelkuchen

Zutaten:

Für den Hefeteig:
500 g Mehl, 80 g Margarine
1 Pck. Trockenhefe oder
1 Würfel Frischhefe, 1/4 l Milch
1 Prise Zucker, 1 Prise Salz

Für den Belag:
1 kg Zwiebeln
200 g roher Schinken
200 g Frischkäse
4 EL Öl, 2 EL Paniermehl
Salz, Pfeffer und Kümmel

Für den Guss:
3 Eigelb, 400 g saure Sahne
150 g geriebener Käse
1 EL gehackte Petersilie
Salz, Pfeffer

Zubereitung:

1. Die Milch erwärmen (nicht kochen). Das Mehl in eine Schüssel sieben und mit einem Löffel eine Mulde in die Mitte drücken. Die Hefe zusammen mit dem Zucker hineingeben, etwa die Hälfte der Milch dazugießen, kurz verrühren und mit etwas Mehl bestäuben. Den so genannten Vorteig mit einem Tuch abdecken und ca. 15-20 Min. an einem warmen Ort gehen lassen.

2. In der Zwischenzeit die Zwiebeln schälen und klein hacken. Den Schinken in kleine Würfel schneiden.

3. Dem Vorteig die restlichen Zutaten hinzufügen und mit den Knethaken des Handrührgerätes schnell verarbeiten, bis sich der Teig vom Schüsselrand löst. Weitere 20 Min. ruhen lassen.

4. Während der Ruhezeit das Öl erhitzen und die Schinkenwürfel dazugeben, kurz anbraten und die gehackten Zwiebeln hinzufügen. Alles gut dünsten, würzen und abkühlen lassen.

5. Hefeteig aus der Schüssel nehmen und auf der bemehlten Arbeitsfläche mit einem Nudelholz etwa in Größe des Backblechs ausrollen. Das Backblech mit Butter fetten oder mit Backpapier auslegen und den Teig darauf legen. Die Ränder leicht hochdrücken, den Teig mit Frischkäse bestreichen und mit dem Paniermehl bestreuen. Den Teig mit dem Tuch abdecken und weitere 5 Min. gehen lassen.

6. Nun den abgekühlten Zwiebel-Schinken-Belag auf dem Teig verteilen. Die Eigelb, saure Sahne, Käse, Petersilie und die Gewürze gut verquirlen und über die Masse gießen.

7. Im vorgeheizten Backofen bei 200° C ca. 45 Minuten backen.

Alphabetisches Register

Amerikaner	88-89
Apfel-Butterkuchen	50-51
Apfelkuchen mit Quark	52-53
Apfelkuchen mit Rosinen	48-49
Aprikosenkuchen	68-69
Bienenstich mit Frischkäse und Zwetschenmus	78-79
Biskuitteig	12-13
Blechkuchen mit versunkenen Mirabellen	70-71
Brownies mit Sonnenblumenkernen	26-27
Buttermilchzopf	84-85
Donauwellen	80-81
Dresdner Eierschecke	34-35
Eclairs	90-91
Gewürzschnitten	22-23
Hackbraten vom Blech	94-95
Hefeteig	14-15
Heidelbeerkuchen	62-63
Johannisbeerkuchen	60-61
Kaffee-Creme-Schnitten	74-75
Karotten-Schnitten	46-47
Kirschkuchen mit Marzipanguss	58-59
Kirschkuchen mit Streuseln	56-57
Kirschkuchen mit Zucker und Zimt	54-55
Kokoskuchen	42-43
Mecklenburger Blitzkuchen	28-29
Mohnrolle	84-85
Mohnschnitten mit Zitronenguss	36-37
Mürbteig	16
Mürbteig-Birnenkuchen	72-73
Nussschnitten	88-89
Paradiestorte	86-87
Petzkuchen mit Nüssen	24-25
Pfirsich-Biskuitrolle	82-83
Pizzaschnitten	92-93
Quarkkuchen mit Rosinen	32-33
Quark-Öl-Teig	17
Rhabarberkuchen mit Baiserhaube	44-45
Rosinenzopf	84-85
Rührteig	18-19
Schlesischer Mohnkuchen	38-39
Schokoschnitten	40-41
Schwarzwälder Sahne-Schnitten	76-77
Streuselkuchen	20-21
Walnuss-Würfel	30-31
Windbeutel	90-91
Zimtkuchen	20-21
Zwetschenkuchen, einfach	64-65
Zwetschenkuchen mit Streuseln	66-67
Zwiebelkuchen	96-97

Kapitelregister

Schnell und einfach gebacken!

Brownies mit Sonnenblumenkernen	26-27
Gewürzschnitten	22-23
Mecklenburger Blitzkuchen	28-29
Petzkuchen mit Nüssen	24-25
Streuselkuchen	20-21
Zimtkuchen	20-21

Mit allerlei Belägen

Dresdner Eierschecke	34-35
Karotten-Schnitten	46-47
Kokoskuchen	42-43
Mohnschnitten mit Zitronenguss	36-37
Quarkkuchen mit Rosinen	32-33
Rhabarberkuchen mit Baiserhaube	44-45
Schlesischer Mohnkuchen	38-39
Schokoschnitten	40-41
Walnuss-Würfel	30-31

Passt auf, ihr Früchtchen!

Apfel-Butterkuchen	50-51
Apfelkuchen mit Quark	52-53
Apfelkuchen mit Rosinen	48-49
Aprikosenkuchen	68-69
Blechkuchen mit versunkenen Mirabellen	70-71
Heidelbeerkuchen	62-63
Johannisbeerkuchen	60-61
Kirschkuchen mit Marzipanguss	58-59
Kirschkuchen mit Streuseln	56-57
Kirschkuchen mit Zucker und Zimt	54-55
Mürbteig-Birnenkuchen	72-73
Zwetschenkuchen, einfach	64-65
Zwetschenkuchen mit Streuseln	66-67

Mit Creme und Sahne!

Bienenstich mit Frischkäse und Zwetschenmus	78-79
Donauwellen	80-81
Kaffee-Creme-Schnitten	74-75
Pfirsich-Biskuitrolle	82-83
Schwarzwälder Sahne-Schnitten	76-77

Auf dem Blech gebacken!

Amerikaner	88-89
Buttermilchzopf	84-85
Eclairs	90-91
Mohnrolle	84-85
Nussschnitten	88-89
Paradiestorte	86-87
Rosinenzopf	84-85
Windbeutel	90-91

Die herzhaften Seiten!

Hackbraten vom Blech	94-95
Pizzaschnitten	92-93
Zwiebelkuchen	96-97

Wir danken folgenden Firmen für ihre freundliche
Unterstützung:

CMA, Bonn
Ketchum GmbH, München – Deutsche Butter, Butterschmalz,
National Sunflower Association
The Food Professionals Pressedienst GmbH, Sprockhövel –
Koopmans

© Paramount Publishing
Germany 2000

Genehmigte Lizenzausgabe
EDITION XXL GmbH
Reichelsheim, 2003

Text: E. Bangert
Fotografien: Mathias Weil
              Studio Pöll, Wien
Layout und Umsetzung: Eckhard Freytag
Satz: Wolfram Schwarzer

ISBN 3-89736-911-7

Blechkuchen? – Blechs Kuchen wurden von Oma Blech gebacken und Streuselkuchen war ihr Meisterstück. Hefekuchen gelang ihr immer, ebenso als Schlesischer Mohnkuchen, Mohnrolle oder in der Kastenform gebacken, im Sommer Apfelkuchen mit den ersten Klaräpfeln, im Herbst Pflaumenkuchen (Zwetschgen). Im Winter gedeckter Apfel(mus)kuchen oder mit Gitter und Pflaumenmuskuchen mit Streusel waren sehr beliebt. In Sernow backte Mäuschen ebenso, auch wie die Zutaten in der Kriegs- und Nachkriegszeit auf Lebensmittelkarten vorhanden waren. Und in Sernow gab es vor allem hauptsächlich Sauerkirschen, öfter wurde Mürbeteig gebacken in der Erdbeerzeit. Backpulver hatte man auf Vorrat, wenn es keine Hefe gab. Dafür brauchte man wieder mehr Fett u. Zucker im Vergleich zum Hefeteig. Spezialität von Mäuschen war Frankfurter Kranz-Lieblingskuchen von Onkel Hans. Geröstete Haferflocken ersetzten damals die gehackten Mandeln, die auf den äußeren, dünnen Creme überzug gestreut wurden. Windbeutel und Buttercremetorten hat Mäuschen zu Hochzeiten in Sernow oft gebacken von den Zutaten, die Sie dazu bekam, gebacken im einzigen elektrischen Backofen des Dorfes bei Frau Mehlis... wenn keine Stromsperre war! Kühlschränke gab es nicht, wozu? Was wollte man da rein tun?